Alfred de Vigny

Chatterton

*Édition présentée, établie et annotée
par Pierre-Louis Rey*
Professeur à la Sorbonne Nouvelle

Gallimard

PRÉFACE

À l'époque où Musset compose, pour qu'on les lise dans un fauteuil, des pièces que la postérité consacrera comme des chefs-d'œuvre du répertoire, Vigny, à l'inverse, connaît grâce à Chatterton un éclatant succès public auquel les metteurs en scène des générations suivantes n'essaieront que de loin en loin de donner un écho. « Avec La Maréchale d'Ancre, j'essayai de faire lire une page d'histoire sur le théâtre. Avec Chatterton, j'essaye d'y faire lire une page de philosophie », note-t-il en 1834 dans le Journal d'un poète. Le verbe « lire » sera souvent compris à la lettre : les principaux ouvrages qui traitent du théâtre romantique à partir de la fin du XIXe siècle parlent significativement de la « lecture » — ennuyeuse ou émouvante, c'est selon — de la plus célèbre des pièces de Vigny.

Celui-ci a une raison majeure d'aspirer à la reconnaissance du public des théâtres : son amour pour Marie Dorval. À lire ses lettres inquiètes ou dépitées, on soupçonne qu'il doit multiplier les témoignages d'attention pour gagner le cœur ou amadouer les humeurs de l'actrice. Il a déjà composé pour elle le rôle-titre de son pre-

mier drame, La Maréchale d'Ancre, *créé à l'Odéon en juin 1831, mais le directeur du théâtre lui a préféré sa propre épouse, Mlle George. Faute de mieux, Vigny offre à Marie le manuscrit de l'ouvrage : «Je n'ai que ce moyen de vous rendre ce drame qui fut écrit pour vous, Madame», lui dit-il le 15 août 1831 dans la lettre qui accompagne l'envoi. Deux ans plus tard, il parvient à ses fins grâce à* Quitte pour la peur, *«proverbe» dans le goût du* XVIIIe *siècle où il plaide avec hardiesse pour l'égalité de la femme et de son époux. Le rôle principal de cette courte pièce, celui d'une duchesse gracieuse et spiri-tuelle, ne permet pas à Marie de donner la pleine mesure de son talent puisqu'elle est, comme l'en persuade Vigny dans ses lettres, d'abord une «tragédienne»; au moins s'affranchit-elle ainsi un peu de la réputation d'actrice de boulevard que lui valent des comédies proches du vaudeville, dont la vulgarité désespère Vigny. Créé le 30 mai 1833 à l'Opéra, en baisser de rideau d'un riche programme où Marie Dorval interprète aussi le qua-trième acte de la* Phèdre *de Pradon,* Quitte pour la peur *laisse le public plutôt froid. Bénéficiant de la vogue de ceux de Musset, ce «proverbe» allait ensuite connaître, à la Comédie-Française notamment, une hon-nête carrière. Au* XXe *siècle, il sera de loin la pièce de Vigny la plus souvent représentée.*

Au printemps de 1834, Marie Dorval obtient un engagement provisoire à la Comédie-Française. Le besoin de servir au plus vite son talent explique sans doute la hâte avec laquelle Vigny compose Chatterton : *la pièce, écrit-il dans cette «Dernière nuit de travail» qui lui servira de préface, est achevée en dix-sept nuits, du 12 au 29 juin. Présentée en juillet 1834 à la Comédie-*

Française, d'abord refusée, puis acceptée grâce à l'intervention personnelle de Louis-Philippe qui récompense ainsi le fidèle serviteur de la Garde nationale, elle est créée le 12 février 1835. Vigny avait dû batailler, contre la troupe et contre la direction du Français, pour que Marie Dorval fût préférée, dans le rôle de Kitty Bell, à Mlle Mars, qui ne manquait pas une occasion d'accabler sa rivale de son mépris. Le succès de la pièce auprès du public va conduire Vigny à corriger les considérations misanthropiques que lui avait dictées l'échec de Quitte pour la peur. «Dans l'état actuel des théâtres, et tel qu'est le public, j'ai peu d'estime pour une pièce qui réussit, c'est signe de médiocrité; il faut au public quelque chose d'un peu grossier», avait-il noté dans le Journal d'un poète un an avant la création de Chatterton.

L'histoire de Kitty Bell

L'argument de Chatterton n'était pas neuf. Le 1er décembre 1831, Vigny avait fait paraître dans la Revue des Deux Mondes l'«Histoire de Kitty Bell», deuxième des trois parties d'un roman qui sera publié chez Gosselin en juin 1832 sous le titre de Stello. «Était-ce une grande gloire que de mettre au théâtre une idée de l'un de mes livres? C'était pour toi, tu l'as oublié...», écrira-t-il à Marie Dorval le 8 avril 1835. À l'en croire, c'est parce qu'il était plus empressé à servir la gloire de sa maîtresse que la sienne qu'il aurait renoncé à chercher un sujet original. Le sujet du poète victime de la société, pourtant, nous verrons comme il

lui tient à cœur. Sa lettre à Marie Dorval est celle d'un
amant jaloux, qui fait valoir ses cadeaux.

À Stello, *poète en proie au spleen et héros du roman,*
le Docteur Noir, appelé en consultation, raconte les des-
tinées tragiques de trois autres poètes : Gilbert, Chatter-
ton et André Chénier. Dans le deuxième des trois récits,
le Docteur évoque l'année 1770, où il fréquentait à
Londres, près de Westminster, la boutique de Kitty Bell,
jeune et tendre marchande de gâteaux mariée à l'un des
meilleurs selliers de la ville. Le couple avait accueilli
comme locataire Thomas Chatterton, jeune poète mélan-
colique de dix-huit ans. Un jour, Mrs Bell fait lire au
Docteur une lettre du jeune homme qui l'a boulever-
*sée. Ayant attribué à Rowley, un moine du xv*e *siècle,*
*qui les aurait traduits d'un autre moine du x*e *siècle*
nommé Turgot, les poèmes qu'il avait lui-même compo-
sés, Chatterton se dit victime de sa propre supercherie :
il est méconnu et même raillé par ses contemporains. Il
n'attend plus de secours que du Lord-Maire de Londres,
M. Beckford. Quand ce secours arrive, il pousse le fier
jeune homme au suicide : la lettre tant espérée lui offrait
tout bonnement un emploi de valet de chambre. Quelques
jours plus tard, passant à nouveau par la boutique, le
Docteur Noir n'y trouve plus que les enfants de Kitty. Il
devine, à leurs habits de deuil, que leur mère n'a pas
survécu.

Thomas Chatterton, *poète né à Bristol en 1752 et*
mort à Londres en 1770 avant même d'avoir atteint
dix-huit ans, était une figure célèbre à l'époque roman-
tique. La supercherie à laquelle il s'était livré n'était
pas sans exemple : on connaît notamment celle de Mac-
pherson, soi-disant traducteur des poèmes d'un barde

nommé *Ossian (les* Poèmes de Fingal *furent publiés en 1762).* Le nom d'Ossian figure d'ailleurs dans les esquisses de la pièce de Vigny. Celui-ci, dans son récit, rend compte avec fidélité de l'innocente imposture du jeune poète et, puisant ses sources dans un ouvrage de Thomas Warton, History of the English Poetry *(3 vol., 1774-1781; nouvelle édition 1824), il établit sur son œuvre elle-même une documentation précise dont il livre une ébauche au chapitre XVI de* Stello *avant de la mettre au point, en l'accompagnant de morceaux choisis, en 1835*[1]. *C'était, écrit-il dans ses brouillons, un «devoir» pour lui de faire connaître la vie et l'œuvre du poète anglais*[2]. *Avec sa vie au moins, il prend des libertés que lui reprocheront des érudits comme David Masson*[3] *qui, après avoir résumé l'«Histoire de Kitty Bell», se scandalise que Vigny n'ait pas pris la peine de consulter les dernières lettres envoyées par Chatterton à sa mère, dont lui-même fournit dans sa biographie un précieux échantillon. Son indignation aurait été plus grande encore s'il avait correctement interprété l'ultime invention du récit de Vigny, la mort de Kitty Bell (formulée, il est vrai, avec une grande discrétion) : David Masson croit comprendre qu'après le suicide du poète, l'héroïne de* Stello *continue de vendre ses gâteaux. Celle qui fut la logeuse de Chatterton aurait du reste été, d'après lui, une marchande de sacs; Vigny lui a-t-il prêté un état de pâtissière afin de lui donner une figure*

1. «Sur les œuvres de Chatterton», A. de Vigny, *Œuvres complètes*, Pléiade, Gallimard, t. I, 1986, p. 820-833.
2. *Ibid.*, p. 869.
3. *Chatterton. A Biography*, London, Hodder and Stoughton, 1856; nouvelle édition, 1899.

plus maternelle ? Le récit de Stello, *enfin, noircit le portrait du Lord-Maire, dont la mort a, de toute façon, précédé de trois mois celle de Chatterton*[1]. *Nous savons que dans* Cinq-Mars, *Vigny avait pris des libertés plus audacieuses encore avec les dates de décès de personnages autrement célèbres ; c'est le moindre des péchés que reprochera à son « imagination fertile » le comte Molé, dans son célèbre discours de réception à l'Académie française le 29 janvier 1846*[2].

Les signes du génie de Chatterton sont peut-être ce qui fait le plus défaut au drame que Vigny compose à partir du récit de Stello. *Que son jeune poète soit aimable (il l'indique clairement dans la présentation liminaire des « caractères » de la pièce), malheureux, digne de pitié, nul ne le mettra en doute. Mais que ses vers aient mérité le crédit de ses contemporains et l'hommage de la postérité relève pour le spectateur de l'acte de foi : il faudrait, pour en persuader, que ses poèmes soient donnés à lire en même temps que le programme de la pièce. Ou encore que soient placées dans sa bouche des phrases immortelles, ce que Vigny est assez habile dramaturge pour éviter (à peine Chatterton consentira-t-il, vers la fin du*

---

1. Sur les mythes qui entourent l'existence de Chatterton, nous renvoyons à Louise J. Kaplan, *The Family Romance of the Impostor-Poet, Thomas Chatterton*, Atheneum, New York, 1988. Se livrant à une sorte de synthèse de ce qui appartient à la littérature et à l'histoire, elle retient que le poète se serait suicidé (à l'arsenic, non à l'opium comme le dit Vigny) parce que Mrs Angel, sa logeuse (effectivement boulangère et pâtissière), lui aurait refusé un morceau de pain sous prétexte qu'il lui devait trois shillings. Peut-être rongée par le remords, Mrs Angel aurait survécu peu de temps à Chatterton.

2. Voir A. de Vigny, *Œuvres complètes*, éd. citée, t II, 1993, p. 1144.

drame et sur l'insistance de M. Beckford, à déclamer une poétique profession de foi). Pour l'essentiel, le poète souffre et meurt en silence. Kitty Bell elle-même exprime peu, parce que sa pudeur naturelle et ses devoirs d'épouse et de mère lui interdisent de formuler le plus important, c'est-à-dire cet amour dont elle n'est que progressivement consciente et qui s'insinue, comme toujours en pareil cas, par le biais d'une tendre pitié. Dans l'avant-dernière scène pourtant, la mort imminente du héros donne droit de cité aux aveux, mais, parce que le temps presse, ceux-ci vont s'échapper en phrases courtes, comme dans un dernier souffle. Poète du silence, Vigny est allé aussi loin que possible, pour son époque, dans la voie d'un art paradoxal : le drame de l'ineffable.

Au moins arrive-t-il que Chatterton et Kitty s'entretiennent avec eux-mêmes. Le long monologue de Chatterton situé au début de l'acte III est à lui seul un résumé de la pièce ; le poète y expose la misère de sa condition, la vanité de son amour pour Kitty et son impuissance devant la page blanche, avant de balancer entre deux sentiments (la révolte et la piété) envers ce père dont le plus grave tort fut de le mettre au monde ; pour finir, il contemple le poison qui offrira à sa misère la seule issue possible. Logiquement articulées au début du monologue, les phrases tournent ensuite au halètement. Elles ne pourront davantage prendre leur envol lors du second monologue de l'acte (scène 7) parce que le poète les étouffe par des sentiments d'indignation aussitôt qu'il les amorce. En vertu d'un scrupule, d'un sentiment de retenue, mais plus encore parce qu'il veut montrer que Chatterton est réduit au suicide par sa misère matérielle et morale plutôt que par son humeur *naturelle, Vigny n'a pas offert au spectateur le grand monologue du poète en proie au* spleen *dont* Stello *contenait pourtant les éléments. Le Quaker le dit à Chatterton à la scène 5 de l'acte I : ce n'est pas sa maladie qui est incurable, c'est celle de l'humanité. La figure du jeune poète n'en demeurera pas moins incompréhensible pour le bon sens du comte Molé : « Son âme souffrait plus que son corps, c'est elle qu'il fallait arracher au poison dont elle se nourrissait, au charme énervant et corrupteur de ses vagues et mélancoliques rêveries[1]. »*

Kitty, elle, n'est jamais seule sur la scène, comme si l'attention paternelle du Quaker aussi bien que la surveillance policière de son époux et le soin dû à ses enfants lui interdisaient toute liberté de se retrouver avec soi-même. Ses monologues se réduisent donc à de brefs apartés, à la fin de la scène 6 et au début de la scène 8 de l'acte III. S'ébauchent alors des confidences qui, sous la plume d'un autre écrivain, seraient devenues des sortes d'arias, mais qu'étouffe aussitôt ici, soit l'émotion, soit la tyrannie des convenances. Il fait au reste partie de la noblesse du caractère de Kitty que, dans ces plaintes brièvement formulées, elle s'émeuve non sur ses propres tourments, mais sur les dangers qui guettent Chatterton.

À des sentiments qui ne peuvent qu'à peine s'exprimer, il faut, dans les romans le renfort d'un narrateur, au théâtre celui d'un tiers personnage. Le Quaker, dans Chatterton, *remplit cet office. Il succède au Docteur Noir de* Stello, *mais tandis que celui-ci jouait plutôt le rôle d'un témoin, le Quaker, non seulement pénètre les esprits et les cœurs, mais influe sur le déroulement des*

1. *Ibid.*, p. 1146.

*événements. On ne lui trouvera aucun de ces légers ridi-
cules qui, aux yeux d'un spectateur français, pourraient
menacer sa dignité depuis la publication des* Lettres
anglaises *de Voltaire.* Quitte pour la peur *déjà mettait en scène un sage, le Docteur Tronchin, personnage
directement transposé de la réalité : un médecin genevois
de ce nom s'était en effet illustré, au XVIII⁵ siècle, par sa
philanthropie et plus précisément par sa pratique de
l'« inoculation » contre la variole. Les Docteurs Noir et
Tronchin portaient sur le monde un regard sceptique
et désabusé, à la limite de la raillerie. Le Quaker, médecin lui aussi, a choisi de soigner les âmes plus encore que
les corps ; il contribue ainsi à la gravité presque religieuse de* Chatterton *et embellit l'auréole du martyre
explicitement accordée aux deux jeunes gens à la dernière
réplique de la pièce. Mais son impuissance devant le
drame qui se déroule sous ses yeux illustre ce que formu-
lait le Docteur Tronchin à la scène IV de* Quitte pour la
peur *: « La science inutile des hommes ne pourra jamais
autre chose que détourner une douleur par une autre plus
grande. » « Il n'y a pas de sagesse humaine », déclare de
son côté le Quaker dès la première scène de* Chatterton.
*En révélant au poète le secret amour qu'il inspire à
Kitty, il va se livrer à une tentative désespérée pour le
détourner du suicide, mais il n'aboutit qu'à dévoiler
aux deux jeunes gens l'abîme du péché, sans les empêcher de se succéder dans la mort — aussi impuissant, en
l'occurrence, à prévenir ou protéger un amour impossible
que le frère Laurence à la fin de* Roméo et Juliette[1].

---

1. Vigny a traduit, de la pièce de Shakespeare, en 1828, des
fragments des actes IV et V où le frère Laurence (il orthogra-

La simplicité de l'intrigue de Chatterton *ressort du raccourci expressif qu'en donne Vigny dans la «Dernière nuit de travail» : «C'est l'histoire d'un homme qui a écrit une lettre le matin, et qui attend la réponse jusqu'au soir; elle arrive, et le tue.» Le contenu du billet fatal servait, dans* Stello, *de clausule au récit :*

«Mais que lui offrait donc M. Beckford dans son petit billet?

— Ah! à propos, dit le Docteur Noir, comme en s'éveillant en sursaut...

«C'était une place de premier valet de chambre chez lui.»

Chute de nouvelliste, digne de Mérimée ou de Barbey d'Aurevilly : au dénouement tragique succédait, sous forme de pique, l'énoncé de ce qui l'avait provoqué. Le cœur d'or du Quaker serait, de toute façon, incapable d'une telle désinvolture et d'un pareil effet de conversation. Mais le titre, «Un escalier», donné au dernier chapitre de son récit, prouve que Vigny imaginait déjà, visuellement, ce qui fournira à Marie Dorval le moment le plus applaudi de son rôle : sa chute, inanimée, de la chambre où elle vient de découvrir Chatterton empoisonné.

Il reste que l'histoire de Kitty Bell, la plus courte et la plus sobre de celles qui composent Stello, *ne pouvait suffire à nourrir toute une pièce. Si on la retrouve assez exactement dans le premier acte et dans une partie du*

_____

phie ainsi son nom) joue un rôle malheureusement décisif. Voir A. de Vigny, *Œuvres complètes*, éd. citée, t. I, p. 379-389.

troisième, le deuxième est le produit de l'invention du dramaturge. La scène s'y peuple d'interventions exté-rieures, en premier lieu celle de Lord Talbot, personnage chaleureux et étourdi qui, par ses prévenances envers Chatterton, vérifierait l'adage « Protégez-moi de mes amis... », et aussi celle d'autres jeunes nobles pour qui la poésie se réduit à un divertissement et le poète à un objet de curiosité, bref ce « profane insultant » évoqué dans la troisième strophe de « La Maison du berger ». Il fallait ce tumulte pour que s'appréciât, scéniquement, la vertu du silence. Plus posément, le Lord-Maire prodigue à Chatterton en faveur d'une vie positive de sages conseils que le comte Molé n'aura qu'à reprendre, en les modifiant à peine, pour ouvrir fielleusement à Vigny lui-même la voie qui détourne du « stérile et plaintif orgueil[1] ».

La plus importante des amplifications du récit de Stello *est toutefois celle de John Bell, devenu dans le drame un puissant entrepreneur, au point que son épouse n'a plus d'autre occupation que tenir les comptes du ménage et veiller sur ses enfants. « Kitty victime de l'industrialisme de son mari », lit-on dans les esquisses de la pièce[2]. Parce qu'elle est placée tout en tête des esquisses, cette note inclinerait, autant que le titre du récit d'origine, à consacrer Kitty comme l'héroïne du drame à égalité au moins avec Chatterton. Encore faut-il observer que dans les trois récits de* Stello, Vigny *a introduit obliquement, comme pour mieux en protéger le mystère et l'aura, la figure du poète, et il est conforme à*

---

1. A. de Vigny, *Œuvres complètes*, éd. citée, t. II, p. 1146.
2. Voir *Œuvres complètes*, éd. citée, t. I, p. 838.

un effet dramatique éprouvé que, dans le drame, le héros, Chatterton, ne fasse qu'à la scène 4 une lente entrée préparée par des discussions et une agitation en apparence anodines où doit pourtant s'entendre en creux son destin à venir. Mais, tandis que le sort plus que le caractère de Chatterton se modifie en cours d'action, c'est bien le personnage même de Kitty qui évolue : cette unique journée est pour elle celle de l'éveil à l'amour.

Quant à l'« industrialisme » dont elle est victime, il n'est pas pour Vigny un simple moteur du drame, mais une préoccupation constante. Le mot « industrialisme » est un néologisme : il semble qu'il ait été utilisé pour la première fois en 1824 dans le Catéchisme des industriels *de Saint-Simon. Les couplets souvent jugés naïfs et déclamatoires de « La Maison du berger » contre les dangers du progrès trouvent un écho dans le souci du rendement affiché dans le drame par John Bell. Cette satire de la bourgeoisie industrielle a paru assez vive à Lamartine pour qu'il lise dans* Chatterton *un « drame révolutionnaire ou plutôt socialiste[1] ». Si on tente de faire le point, on constate que Vigny a éprouvé, à partir de 1828 environ, des sympathies pour les idées saint-simoniennes. Pendant les journées révolutionnaires de juillet 1830, il apparaît contradictoirement soucieux du maintien de l'ordre et admiratif devant le courage des ouvriers. Sous l'influence probable des violentes émeutes de l'année 1832, il se dit que l'idéal de l'homme de lettres n'a décidément guère à voir avec celui des*

---

1. *Souvenirs et portraits*, Hachette-Furne et Jouvet-Pagnerre, t. III, 1872, p. 149.

ouvriers. De cette désillusion peut porter témoignage une scène abandonnée de Chatterton *où il avait imaginé que Tobie, l'ouvrier licencié par John Bell pour avoir brisé sa machine en même temps que son bras, revenait demander réparation à Kitty et à Chatterton, ignorant sans doute la pauvreté du poète. Celui-ci lui offrait une guinée. Loin de tenir quittes ses oppresseurs, Tobie se promettait de revenir à nouveau pour assouvir sa vengeance*[1]. *En gommant la haine aveugle de l'ouvrier licencié pour faire de lui une sorte de martyr de l'exploitation, Vigny a (inconsciemment sans doute) modifié la signification sociale de la pièce. À l'excès, aux yeux de certains : quand, en 1842, il fait ses visites en vue de son élection à l'Académie, il s'entend dire par le baron Prosper de Barante que sa pièce est* antisociale ! *« Il faudrait être impartial, et, par exemple, dans cette cause, on pourrait accuser les ouvriers de bien des torts », objecte l'honorable académicien (*Journal *d'un poète, au 24 avril 1842). Quant à la critique de l'industrialisme, qui demeure, elle n'aurait rien de surprenant venant d'un esprit resté fidèle au légitimisme. Mais c'est en 1835 précisément que Vigny confie dans le* Journal *d'un poète son étonnante préférence : « Le seul gouvernement dont, à présent, l'idée ne me soit pas intolérable, c'est celui d'une république dont la constitution serait pareille à celle des États-Unis américains. » Il est vrai qu'il vient d'avouer qu'après la révolution de Juillet, n'est resté de lui que « l'écrivain, regardant si la liberté serait tuée ou sauvée ». La liberté de la poésie, seule*

---

1. Voir A. de Vigny, *Œuvres complètes*, éd. citée, t. I, p. 850-851

*digne d'être défendue, quel que soit le régime politique :
on touche ici à l'idée capitale de* Chatterton. *Premier
article de l'«Ordonnance du Docteur Noir» :* «*Laisser à
César ce qui appartient à César*»; *deuxième article :*
«*Seul et libre, accomplir sa mission*[1]. »

Les «thèses» de *Chatterton*

   *L'intérêt de Vigny pour le saint-simonisme a favorisé,
parmi d'autres raisons, la conviction qu'il avait écrit
une «pièce à thèse». Quelle thèse, au juste? Quand
Pierre Nebout*[2] *qualifie* Chatterton *de «drame-thèse»,
la thèse, selon lui, est défendue au sein de l'œuvre par
le Quaker et elle se fonde sur sa vision radicalement
misanthropique de la nature humaine. André Le Breton*[3], *lui, juge vieillie, voire choquante, la «thèse» suivant laquelle la société serait responsable des souffrances
ou de la mort du poète : celui-ci, en effet, ne saurait être
considéré comme une «espèce sociale». Mais la «fausseté» de la thèse n'empêche pas Le Breton de consentir
au drame un authentique pouvoir d'émotion. En écri-
vant dans son* Journal, *au 7 novembre 1835 :* «*Je voulais qu'on dît de* Chatterton : *c'est vrai, et non : c'est
beau*», *Vigny ouvrait la voie à ce type de lecture. Réité-
rant pour la scène l'histoire racontée dans* Stello *comme
si ses contemporains l'avaient trop peu entendue, souli-
gnant par une préface («Dernière nuit de travail») ce*

1. *Stello,* Folio classique, 1986, p. 241-242.
2. *Le Drame romantique*, Paris, 1895; Slatkine Reprints,
Genève, 1970, p. 169-172.
3. *Le Théâtre romantique*, Boivin et Cie, s. d., p. 137 et suiv.

que le drame a pu échouer à rendre clair, il orientait mieux encore vers un débat d'idées.

On balaiera l'accusation suivant laquelle Vigny aurait voulu, dans Chatterton, *prêcher en faveur du suicide. Cette idée a pourtant été défendue à la Chambre des députés par un M. Charlemagne, le 30 août 1835. Vigny se justifie dès le lendemain dans une lettre adressée à François Buloz, le directeur de la* Revue des Deux Mondes :

Le public qui a bien voulu écouter quarante fois le drame de *Chatterton* au Théâtre-Français, et le lire depuis, a vu que, loin de conseiller le suicide, j'avais dit : *Le suicide est un crime religieux e. social; c'est ma conviction*; mais que, *pour toucher la société, il fallait lui montrer la torture des victimes que fait son indifférence.*

Chaque mot de cet ouvrage tient à cette idée et demande au législateur, pour le poète, le TEMPS et le PAIN.

La manière dont Vigny prend le parti de la poésie ne le range certes pas aux côtés des défenseurs de l'Art pour l'Art (une notion qui prend justement naissance, sous ce nom, en 1834). Le poète, selon lui, participe à sa façon à la vie de la cité et aux progrès de l'humanité. Chatterton prétend que c'est faute d'avoir reçu de la nature un corps taillé pour les travaux de l'armée ou de l'industrie qu'il a opté pour la poésie (acte I, scène 5). Chacun se rend utile, en somme, selon ses moyens et on sait en quel honneur Vigny a tenu ailleurs le service des armes. La modestie du jeune homme est toutefois corrigée grâce aux catégories d'emplois énumérées dans la «Dernière nuit de travail» : qu'il se fasse soldat, s'adonne aux chiffres ou se contente d'être un «homme de lettres», le Poète tue une partie de lui-même en se vouant à autre chose qu'à la poésie. On trouve à nouveau Chatterton modeste lorsqu'il déclare un peu plus tard : «Je suis ouvrier en livres, voilà tout» (acte II, scène 4), formule qui fleure le saint-simonisme. Mais le ton s'élève soudainement quand, à M. Beckford qui lui demandait de définir la mission du poète, il répond par cette ample parabole (acte III, scène 6) qui pourrait enfin témoigner, pour les spectateurs, en faveur de son génie poétique. Mais les termes de la réponse sonnent tellement comme ceux d'une leçon apprise qu'on croirait que Vigny prend avec sa «thèse» une distance légèrement ironique, si lui-même n'usait fréquemment, dans ses définitions, d'une pareille emphase. Du reste, à la suite de la tirade toute semblable (à un mot près) que le Chatterton de Stello *déclamait devant son auditoire, le narrateur commentait : «On s'approcha sans trop comprendre et sans savoir si l'on devait se moquer ou applaudir, situation accoutumée du vulgaire*[1]*». Que le spectateur de* Chatterton *se le tienne pour dit : il doit, pour ne pas encourir le mépris de l'auteur, choisir d'applaudir. Il n'empêche : on peut préférer à la parabole de Chatterton ce que Vigny exprimait dans un projet de poème,* L'Islande, *imaginé en 1824 (avant l'influence du saint-simonisme) et consigné dans son* Journal d'un poète *sous le titre «Comparaison poétique» : «L'Islande. — Dans les nuits de six mois, les longues nuits du pôle, un voyageur gravit*

---

1. A. de Vigny, *Stello*, éd. citée, p. 90.

une montagne et, de là, voit au loin le soleil et le jour, tandis que la nuit est à ses pieds : ainsi le poète voit un soleil, un monde sublime et jette des cris d'extase sur ce monde délivré, tandis que les hommes sont plongés dans la nuit. »

Vigny défend avec persistance l'idée que la Société doit non seulement respecter, mais rémunérer le génie, souci d'autant plus louable, comme le soulignera Théophile Gautier, que lui-même n'était nullement menacé par l'indigence. Quand les œuvres de Chatterton sont traduites en français, quatre ans après la création de la pièce, Vigny adresse (le 26 juin 1839) une lettre reconnaissante aux responsables du volume, Auguste Callet et Javelin Pagnon, en reformulant ses intentions . « Si dans la création, ou plutôt dans l'épuration de caractère, j'ai écarté ce qui pouvait diminuer l'intérêt, pour que le public n'hésitât pas à prendre le parti du malheureux, je n'en pense pas moins, à présent comme alors, que ce suicide fut un homicide de la société, et que, dans une organisation meilleure, le mérite, que confirme si bien votre traduction, eût reçu de l'État une existence régulière et invariable *qui ne peut humilier comme l'humiliaient des secours qu'il regardait comme des aumônes et qu'il voulait fuir dans la tombe. » Vigny a su lui-même, à titre personnel, se montrer secourable[1] : sa générosité explique que Hégésippe Moreau lui adresse en mai 1835 un poème, « À l'auteur de* Chatterton *», pour solliciter de l'aide (Moreau mourra trois ans plus tard à l'hôpital, âgé de vingt-huit ans, après des années*

---

1. Voir Christine Lefranc, « Vigny et la défense des poètes », *Europe*, nº « Alfred de Vigny », mai 1978, p. 165 et suiv.

de misère). Et c'est sans doute à la suite du succès de la pièce que M. de Maillé fonde par testament, en faveur des poètes, un prix décerné par l'Académie française (le premier sera attribué à Musset, qui le refusera). Mais Vigny continue de penser qu'il est d'abord du devoir de l'État de prendre le relais de ces générosités privées, et en 1858, à l'occasion d'un entretien avec Napoléon III, il sollicitera de l'Empereur une augmentation du prix Maillé (Journal d'un poète).

En créant la Société des auteurs, chargée de défendre la propriété littéraire, Balzac témoigna de préoccupations voisines ; mais il ne s'agissait pas, dans son esprit, d'encourager l'État à appointer les auteurs prometteurs. C'est cette rente assurée qui paraît inacceptable à un critique comme André Le Breton : « *Où sont-ils, ces juges infaillibles qui sur quelques essais de jeunesse diront : "Voilà un futur Victor Hugo, un futur Alfred de Vigny ; inscrivons-le sur la liste des pensions." Ceci mènerait probablement à de fâcheuses bévues ; ceci mènerait à multiplier les "prix de Rome", et non pas à sauver, à préserver le génie qui ne relève pas d'un jury officiel, mais à encourager les fausses vocations et la médiocrité qui sait, bien mieux que le génie, les divers moyens de plaire à un ministre ou à ses délégués*[1]. » Soit. Mais, s'il est vrai que *Chatterton* s'adresse à une autorité instituée (le Lord-Maire), le drame supporte sans lourdeur la trace du militantisme de son auteur. C'est pour obéir au regard implorant de Kitty que Chatterton accepte, quand il le croit encore acceptable, le don de M. Beckford (acte III, scène 6). Ce don n'est pas, dans les limites du drame, la

---

Éd. citée, p. 138-139.

pension qu'exigerait un fonctionnaire, mais la bouée à laquelle aspire un naufragé en perdition. Ce qui tue le jeune homme est moins, en fin de compte, le besoin d'argent que l'insulte faite à sa dignité.

On dénoncerait avec de meilleures raisons, peut-être, la contribution apportée par Vigny à une image du poète maudit qui put causer des dégâts. Quelques critiques citent, pour mieux sauver Chatterton, *la brève allusion qui lui est consentie par Albert Camus dans une conférence donnée à Stockholm le 14 décembre 1957: « Le thème du poète maudit né dans une société marchande (*Chatterton *en est la plus belle illustration), s'est durci dans un préjugé qui finit par vouloir qu'on ne puisse être un grand artiste que contre la société de son temps, quelle qu'elle soit. Légitime à son origine quand il affirmait qu'un artiste véritable ne pouvait composer avec le monde de l'argent, le principe est devenu faux lorsqu'on en a tiré qu'un artiste ne pouvait s'affirmer qu'en étant contre toute chose en général. C'est ainsi que beaucoup de nos artistes aspirent à être maudits, ont mauvaise conscience à ne pas l'être, et souhaitent en même temps l'applaudissement et le sifflet[1]. » En légitimant le thème du drame de Vigny, Camus reconnaît en fait brièvement les arguments de la partie adverse, pour mieux dénoncer ensuite la fausse idée de l'Art sur laquelle, dès l'époque romantique, repose la mythification du poète rejeté par la société. Chatterton n'est pas lui-même un imposteur, mais il fait le lit des impostures qui, grâce à son exemple, se multiplieront.*

L'idée qui, somme toute, s'impose le plus souveraine-

1. A. Camus, *Essais*, Pléiade, 1965, p. 1084.

ment — et le plus poétiquement — dans Chatterton
*tient à une image de la femme qui n'a pas attendu, pour
s'exprimer dans son œuvre, sa passion pour Marie Dorval. On ne saurait ici parler de « thèse ». « Kitty Bell est
un ange avec le langage d'ange — les actions d'un
ange. —», écrit Vigny dans les esquisses de la pièce*[1]. *Si,
dans ses lettres, il appelle Marie « mon ange », on y
verra donc mieux que l'habituel cliché amoureux. Présenter Kitty comme une victime de son mari, c'était ris-
quer d'ouvrir la voie à une interprétation « féministe »
du drame;* Quitte pour la peur, *après tout, s'entend
comme un combat pour l'égalité des sexes. Mais dans*
Chatterton, *Vigny lutte moins en faveur de jours
meilleurs (sauf à les placer dans une sphère idéale et
intemporelle) qu'il n'obéit à une conviction philoso-
phique et religieuse essentielle. Les effusions paternelles
du Quaker, émerveillé que la terre porte une âme aussi
pure, prouvent peut-être plus clairement la nature angélique de Kitty que le sentiment profond, mais contenu,
qu'elle inspire à Chatterton — sauf si, plus accessible à
la poésie qu'à la rhétorique, le spectateur comprend que,
en reconnaissant d'elle-même dans le cœur du jeune
homme « la bonté des anges » (acte II, scène 5), elle se
révèle au mieux capable de percevoir ce qui lui ressemble.
Ange ou, à l'image d'Éloa, « sœur des anges », Kitty a*

---

1. A. de Vigny, *Œuvres complètes*, éd. citée, t. I, p. 839. Vigny
ne pouvait décidément, sauf à encourir le reproche d'un sym-
bolisme appuyé, conserver pour son héroïne le nom d'Angel
qu'elle avait dans la réalité. On notera que le 8 août 1848,
dans une lettre à la vicomtesse Du Plessis, Vigny cite ce vers
d'une traduction française de *Roméo et Juliette* : « Faut-il quitter
cet ange à la porte du ciel ? » (voir A. de Vigny, *Œuvres complètes*, éd. citée, t. I. n. 1 de la p. 389).

vocation à s'unir à celui dont la nature n'a certes rien de satanique, même s'il sera conduit au pire des péchés : le suicide (« crime religieux et social », dit Vigny). C'est en effet, répétons-le, à la Société qu'il faut imputer la mort de celui qui sera finalement consacré « martyr ».

« *Car c'est celui-là qui est un grand Poète en qui l'amour ne cesse de brûler* », *écrivait Vigny quand il préparait* « *La Maison du berger* »[1]. *Quelles que soient les hauteurs où se situent les vers déjà composés par Chatterton au moment où il fait la connaissance de Kitty Bell, c'est elle qui lui permet de s'élever vraiment au rang de Poète, ou, si l'on préfère : que l'âme du jeune homme fût disponible pour un amour qui n'avait pas, jusqu'à ce jour, trouvé son incarnation est la preuve qu'elle était porteuse d'une véritable inspiration poétique. Idéalement, il ne resterait aux deux amants qu'à s'écarter de la foule, avide de progrès matériel, et à s'unir dans la pureté. Mais la Société l'emporte, et au lieu de fondre leurs âmes dans une* « *maison du berger* », *Chatterton et Kitty se retrouvent enfermés dans cette espèce de boîte que le dramaturge a conçue comme un piège, pour servir de décor au drame.*

Loin du drame romantique

On n'imagine pas qu'un metteur en scène, aussi minimaliste soit-il, fasse l'économie de la machinerie compliquée dont Vigny a indiqué le détail en tête du premier acte. Le seul objet de débat sera de savoir s'il faut

1. *Ibid.,* p. 288.

donner au décor une apparence romantique (voire
« naturaliste »), ou lui prêter une fonction avant tout
symbolique[1]. Le décor de l'arrière-boutique, qui sert aussi
d'appartement, signifie la prospérité matérielle de John
Bell et l'emprisonnement de sa femme. Dans sa chambre
à coucher, située à droite de la scène, Kitty ne peut trouver qu'un refuge précaire : l'industriel le violera sans
vergogne au bout de trois scènes à peine. La petite
chambre de Chatterton, dont ne s'aperçoit que l'entrée
au sommet d'un grand escalier, est pour elle un refuge
inimaginable. L'incommodité d'accès à cette chambre
haut placée signifie à la fois l'infériorité sociale et l'élévation spirituelle de son occupant. Le début de l'acte III,
situant l'action, le temps de deux scènes à peine, à l'intérieur de la chambre de Chatterton, pose aux metteurs
en scène un problème épineux, mais comparable, somme
toute, à celui que pose dans L'École des femmes
l'alternance de scènes situées à l'intérieur et à l'extérieur
de la demeure d'Arnolphe. On conviendra donc aisé-
ment que Chatterton respecte l'unité de lieu. L'unité de
temps est fortement exprimée par Vigny dans son résumé
du drame : Chatterton n'attend que jusqu'au soir la
réponse à la lettre qu'il a écrite le matin. Glissons sur
l'unité d'action puisque celle-ci ne fut jamais expressé-
ment remise en question par les romantiques, mais en
présentant un héros qui, à l'image de Phèdre, pénètre
sur la scène dans un état de faiblesse augurant de son
destin, puis des personnages qui, jusqu'aux comparses,
ne disent et ne font rien qui ne hâte sa fin, la pièce de
Vigny va aussi loin qu'il est possible dans le resserrement

---

1. Voir à ce propos notre Dossier, *Chatterton* à la scène, p. 146.

dramatique. On suppose, à une première lecture, qu'en se moquant dans la « Dernière nuit de travail » de ces hommes qui croient de bonne foi à la durée des règles qu'ils écrivent, Vigny relaie le préfacier de Cromwell *pour pourfendre les classiques. La lecture ou la représentation de la pièce incline à penser qu'il égratigne au contraire ceux qui ont prétendu détruire les sacro-saintes règles afin d'annoncer des formes nouvelles auxquelles est censée se plier l'inspiration, alors qu'il revient à celle-ci d'inventer sa forme idéale. Vigny a-t-il vraiment l'ambition, que lui prête Gustave Planche[1], de rénover la scène française ? Il est au moins vrai que, prêchant pour un* DRAME DE LA PENSÉE, *il prend ses distances avec ceux qui ont misé sur cet « amusement des yeux par des surprises enfantines » auquel se complaisent Victor Hugo et Alexandre Dumas. Nulle place pour le moindre « amusement » dans* Chatterton. *On pourrait penser, par exemple, que John Bell est, par sa suffisance bourgeoise, à l'origine d'une lignée de personnages prudhommesques de notre littérature. Rien ne serait plus superficiel. Les vulgarités de l'époux de Kitty ne sonnent que comme des signes précurseurs du malheur final.*

S'il ne veut pas « rénover » la scène française, Vigny souhaite du moins la purifier. Après les premières représentations de sa pièce, il encourage résolument ceux qui écriront désormais pour le théâtre à plus de gravité. Gustave Planche a raison de croire impossible une synthèse entre les talents si divers de Hugo, de Dumas et de Vigny, et de suggérer que l'avenir à la scène de l'auteur de Chatterton *est peut-être le silence définitif : en dépit*

---

1. Voir *infra*, Documents, p. 155.

*du succès public de son drame, Vigny n'écrira plus
jamais pour le théâtre, et sa rupture avec Marie Dorval
n'en est sans doute pas l'unique raison. «Essayons à
l'avenir de tirer la scène du dédain où sa futilité l'ensevelirait infailliblement en peu de temps», prévient-il[1].
Mais il laissera à d'autres ce soin d'«essayer». Le pessimisme qu'on devine derrière cet appel n'est du reste pas
déplacé : le drame romantique, auquel Vigny demeure
foncièrement étranger, n'a que huit années devant lui.
Il faudra, après l'échec des* Burgraves, *revenir à des
formes néo-classiques de la tragédie pour satisfaire un
public lassé sinon des «futilités», du moins de certaines
boursouflures du romantisme.*

*La foi dans les «mages» de la poésie, que Vigny
partageait avec les écrivains de sa génération, a contri-
bué au premier chef à faire classer son drame parmi
les fleurons du «drame romantique». Sa passion pour
Shakespeare, redécouvert en France à partir de 1822
grâce aux tournées d'une troupe venue d'Angleterre, lui
a en outre inspiré, comme à bien d'autres, ses premières
tentatives théâtrales. Il s'est fait, en le traduisant, le serviteur du dramaturge anglais, avant de composer sous
son influence* La Maréchale d'Ancre. *Il s'en éloigne
toutefois à l'époque où il écrit* Chatterton. *Rien n'est
plus étranger à son génie, nous l'avons suggéré, que le
mélange des genres. Sans doute est-il tentant de rappro-
cher, comme le fait Liano Petroni dans sa magistrale
édition de la pièce[2], les propos de la «Dernière nuit de*

---

1. Voir *infra*, p. 138.
2. Voir p. 291-292 de son édition, citée en Bibliographie, p. 173.

travail » *de ceux que tenait Stendhal dans son* Racine
et Shakespeare *de 1825. Commentant une imaginaire* « *comédie romantique* » *intitulée* Lanfranc ou le
Poète, *Stendhal écrivait :* « *Ce ne sont pas les paroles de
Lanfranc qui étonnent et font rire, ce sont ses actions
inspirées par des motifs qui ne sont pas ceux du commun des hommes, et c'est pour cela qu'il est poète, autrement il serait homme de lettres.* » *La distinction entre le
poète et l'homme de lettres est bien commune aux deux
écrivains. Mais Stendhal, qui continue à croire à sa
vocation d'auteur de comédie, imagine ici comment on
rendra hommage au Poète en accentuant légèrement
(et avec tendresse) ses ridicules. Après tout — il l'a écrit
— tout poète est plus ou moins un Don Quichotte. Par
le choix même de son héros, Vigny s'interdit pareille voie.
Rire de Chatterton, ce serait adopter le point de vue
des lords qui accaparent la scène du deuxième acte du
drame, ou, si l'on veut, celui des matelots qui, chez Baudelaire, couvrent de quolibets l'albatros échoué sur le
pont du navire.* « *J'aime peu la comédie, qui tient toujours plus ou moins de la charge et de la bouffonnerie* »,
écrit Vigny en 1835 dans le Journal d'un poète. *Un
sourire, même, serait de mauvais goût dans la représentation du suicide d'un jeune homme réduit au
désespoir.*

   « *Mauvais drame* », *écrit Stendhal dans son* Journal
*dix ans plus tard, le 27 février 1835, à la suite de la lec-
ture d'un compte rendu de* Chatterton *paru dans le*
Journal des débats[1], *quelques jours après la création*

---

1. *Journal*, dans *Œuvres intimes*, éd. de Victor del Litto,
Pléiade, t. II, 1982, p. 237. L'article est de Jules Janin.

*de la pièce. Il ne semble pas qu'il y ait assisté lui-même :
s'il la condamne, c'est vraisemblablement sur la foi de
l'article. On le voit toutefois, dans les lignes qui suivent
ce jugement lapidaire, solidaire des opinions de Vigny.
De 1822 à 1829, au long d'articles fournis à des jour-
naux anglais[1], mais après 1830 encore, il a lui-même
dénoncé sans relâche le « charlatanisme » qui tyrannise
la production littéraire. Vigny lui fait écho en 1832
dans le* Journal d'un poète *: « Le charlatanisme est à
son comble. Je ne sais ce qui peut le faire cesser si ce n'est
son excès » (au début du troisième acte de* Chatterton,
*le jeune poète maudit la « vile Publicité »). Poursuivant
ses réflexions sur le drame de Vigny, Stendhal met en
valeur le suicide, seul capable de piquer « la vanité
d'un gouvernement sale », avant de conclure que « pour
rendre justice au sujet de l'homme de génie qui se tue
comme le Tasse aurait dû le faire, on pourrait faire un
drame dans lequel le héros se tuerait parce que décidément, faute de savoir intriguer, il ne peut pas obtenir de
quoi vivre ». On pourrait... À croire que celui que vient
de composer Vigny est non seulement « mauvais », mais
nul et non avenu. Il est vrai que, pour Stendhal, la
meilleure pièce est toujours celle qui reste à faire[2].*

*Pour nourrir un chapitre un peu incongru sur les
rapports et les différences entre Stendhal et Vigny, rappe-
lons qu'au cours de cette année 1835, Stendhal se prend*

1. Voir Stendhal, *Paris-Londres*, édition établie par Renée
Dénier, Stock, p. 1997.
2. Quelques mois plus tard, en février 1836, Stendhal lira
vraiment *Chatterton*. Et il citera avec une pointe d'ironie dans
le texte de la *Vie de Henry Brulard* des passages entiers de « Dernière nuit de travail » (voir *Œuvres intimes*, éd. V. Del Litto,
Pléiade, t. II, 1982 p. 876 et suiv.).

d'intérêt pour un autre type de poète : le criminel Pierre Lacenaire. Dans la «Dernière nuit de travail», Vigny a illustré la condition du poète par une parabole : encerclé par un feu qu'ont cruellement allumé des enfants, le scorpion n'a d'autre ressource que de retourner contre lui-même son dard empoisonné. Prétendra-t-on qu'il s'est suicidé ? plaide Vigny. Stendhal, parfois tenté lui-même par le suicide, mais qui n'eut jamais beaucoup d'indulgence pour les victimes consentantes, rêve que le poète puisse finir par tourner son dard contre la Société. Examinons une fois encore les Esquisses de Chatterton :

Le désespoir, dans l'homme sans éducation, tourne à l'assassinat.
— dans l'homme riche, à la débauche.
— dans le Poète, au *Suicide*[1]

Et si le Poète n'a pas reçu d'éducation ? Vigny, apparemment, exclut cette hypothèse puisqu'il va jusqu'à prêter à son héros des études universitaires que la famille du vrai Chatterton aurait été bien en peine de lui offrir.

Chatterton *exprime la solitude et le désespoir. Son héros se présente d'abord, par essence, comme une victime. À ce titre, il fera souvent figure — et par voie de conséquence Vigny lui-même — de héros romantique. Mais inférer du caractère du protagoniste (et de la légende qu'il a entretenue) le genre de la pièce qui l'illustre relève d'un malentendu. Celui-ci n'a pas échappé à Raymond Radiguet :* «Le *Poète maudit, préjugé roman-*

---

1. A. de Vigny, *Œuvres complètes*, éd. citée, t. I, p. 839.

tique, cela va de soi, est une invention de Vigny, et c'est dans Chatterton *que le mot, repris par Baudelaire, Verlaine, a toute sa force.* » Mais, « *de tous les romantiques, Vigny est le seul qui ne fasse pas de concession au public. En cela, il est plutôt classique que romantique*[1] » Si Chatterton meurt parce qu'il a eu la malchance de naître dans un type de société qui ne reconnaît pas le génie, on trouvera que la pièce de Vigny est un drame, mais, loin de la couleur, de l'ampleur et parfois des outrances auxquelles cèdent Hugo ou Dumas, elle n'est pas un drame romantique. Si, comme le dit le Quaker au rebours des fragiles espérances formulées ailleurs par Vigny, le mal dont souffre la société est décidément « incurable », on doit alors lire — entendre, à l'occasion — comme une tragédie le destin de Chatterton et des jeunes poètes qui souffrent et souffriront d'une « malédiction ».

Radiguet n'aurait même pas dû convoquer Verlaine pour expliquer le « préjugé romantique » illustré par Chatterton. S'il est vrai que bien des poètes romantiques furent malheureux, Verlaine ne fait nullement référence aux romantiques quand il invente l'expression de « poète maudit ». « À bas le faux romantisme », écrit-il en tête de cette célèbre plaquette où il aurait pu faire place à Chatterton (et à tant d'autres) dans sa galerie de figures angéliques, incomprises, qui se sont éteintes avant d'avoir mûri : l'« idéal incompressible » qu'il invoque échappe aux modes et aux mouvements littéraires.

Pierre-Louis Rey

---

1. Raymond Radiguet, *Règle du jeu*, dans *Œuvres complètes*, Stock, 1993, p. 443-444.

Chatterton

DRAME EN TROIS ACTES
REPRÉSENTÉ POUR LA PREMIÈRE FOIS
SUR LE THÉÂTRE-FRANÇAIS
LE 12 FÉVRIER 1835

Despair and die

SHAKESPEARE.

« Désespère et meurs[1]. »

DERNIÈRE NUIT DE TRAVAIL
du 29 au 30 juin 1834[1]

Ceci est la question[2].

Je viens d'achever cet ouvrage austère dans le silence d'un travail de dix-sept nuits. Les bruits de chaque jour l'interrompaient à peine, et, sans s'arrêter, les paroles ont coulé dans le moule qu'avait creusé ma pensée.

À présent que l'ouvrage est accompli, frémissant encore des souffrances qu'il m'a causées, et dans un recueillement aussi saint que la prière, je le considère avec tristesse, et je me demande s'il sera inutile, ou s'il sera écouté des hommes. — Mon âme s'effraie pour eux en considérant combien il faut de temps à la plus simple idée d'un seul pour pénétrer dans le cœur de tous.

Déjà, depuis deux années, j'ai dit par la bouche de *Stello* ce que je vais répéter bientôt par celle de *Chatterton*, et quel bien ai-je fait? Beaucoup ont lu ce livre et l'ont aimé comme livre, mais peu de cœurs, hélas! en ont été changés.

Les étrangers ont bien voulu en traduire les

mots par les mots de leur langue, et leurs pays
m'ont ainsi prêté l'oreille. Parmi les hommes qui
m'ont écouté, les uns ont applaudi la composition des trois drames suspendus à un même
principe, comme trois tableaux à un même sup-
port; les autres ont approuvé la manière dont
se nouent les arguments aux preuves, les règles
aux exemples, les corollaires aux propositions;
quelques-uns se sont attachés particulièrement
à considérer les pages où se pressent les idées
laconiques, serrées comme les combattants d'une
épaisse phalange; d'autres ont souri à la vue des
couleurs chatoyantes ou sombres du style; mais
les cœurs ont-ils été attendris? — Rien ne me le
prouve. L'endurcissement ne s'amollit point tout
à coup par un livre. Il fallait Dieu lui-même pour
ce prodige. Le plus grand nombre a dit, en jetant
ce livre : «Cette idée pouvait en effet se défendre.
Voilà qui est un assez bon plaidoyer !» — Mais la
cause, ô grand Dieu! la cause pendante à votre
tribunal, ils n'y ont plus pensé !

La cause? c'est le martyre perpétuel et la perpétuelle immolation du Poète. — La cause? c'est
le droit qu'il aurait de vivre. — La cause? c'est le
pain qu'on ne lui donne pas. — La cause? c'est
la mort qu'il est forcé de se donner.

D'où vient ce qui se passe? Vous ne cessez de
vanter l'intelligence, et vous tuez les plus intelli-
gents. Vous les tuez, en leur refusant le pouvoir de
vivre selon les conditions de leur nature. — On
croirait, à vous voir en faire si bon marché, que
c'est une chose commune qu'un Poète. — Songez

donc que, lorsqu'une nation en a deux en dix
siècles, elle se trouve heureuse et s'enorgueillit. Il
y a tel peuple qui n'en a pas un, et n'en aura
jamais. D'où vient donc ce qui se passe ? Pourquoi
tant d'astres éteints dès qu'ils commençaient à
poindre ? C'est que vous ne savez pas ce que c'est
qu'un Poète, et vous n'y pensez pas.

Auras-tu donc toujours des yeux pour ne pas voir,
Jérusalem[1] *!*

Trois sortes d'hommes, qu'il ne faut pas
confondre, agissent sur les sociétés par les travaux
de la pensée, mais se remuent dans des régions
qui me semblent éternellement séparées.

L'homme habile aux choses de la vie, et toujours apprécié, se voit, parmi nous, à chaque pas.
Il est convenable à tout et convenable en tout. Il a
une souplesse et une facilité qui tiennent du prodige. Il fait justement ce qu'il a résolu de faire, et
dit proprement et nettement ce qu'il veut dire.
Rien n'empêche que sa vie ne soit prudente et
compassée comme ses travaux. Il a l'esprit libre,
frais et dispos, toujours présent et prêt à la riposte.
Dépourvu d'émotions réelles, il renvoie prompte-
ment la balle élastique des bons mots. Il écrit les
affaires comme la littérature, et rédige la littérature comme les affaires. Il peut s'exercer indiffé-
remment à l'œuvre d'art et à la critique, prenant
dans l'une la forme à la mode, dans l'autre la dis-
sertation sentencieuse. Il sait le nombre des paroles
que l'on peut réunir pour faire les apparences de

la passion, de la mélancolie, de la gravité, de l'érudition et de l'enthousiasme. Mais il n'a que de froides velléités de ces choses, et les devine plus qu'il ne les sent; il les respire de loin comme de vagues odeurs de fleurs inconnues. Il sait la place du mot ou du sentiment, et les chiffrerait au besoin. Il se fait le langage des genres, comme on se fait le masque des visages. Il peut écrire la comédie et l'oraison funèbre, le roman et l'histoire, l'épître et la tragédie, le couplet et le discours politique. Il monte de la grammaire à l'œuvre, au lieu de descendre de l'inspiration au style; il sait façonner tout dans un goût vulgaire et joli, et peut tout ciseler avec agrément, jusqu'à l'éloquence de la passion. — C'est l'homme de lettres.

Cet homme est toujours aimé, toujours compris, toujours en vue; comme il est léger et ne pèse à personne, il est porté dans tous les bras où il veut aller; c'est l'aimable roi du moment, tel que le dix-huitième siècle en a tant couronné. — Cet homme n'a nul besoin de pitié.

Au-dessus de lui est un homme d'une nature plus forte et meilleure. Une conviction profonde et grave est la source où il puise ses œuvres et les répand à larges flots sur un sol dur et souvent ingrat. Il a médité dans la retraite sa philosophie entière; il la voit toute d'un coup d'œil; il la tient dans sa main comme une chaîne, et peut dire à quelle pensée il va suspendre son premier anneau, à laquelle aboutira le dernier, et quelles œuvres pourront s'attacher à tous les autres dans l'avenir. Sa mémoire est riche, exacte et presque infaillible ; son jugement est sain, exempt de troubles autres que ceux qu'il cherche, de passions autres que ses colères contenues ; il est studieux et calme. Son génie, c'est l'attention portée au degré le plus élevé, c'est le bon sens à sa plus magnifique expression. Son langage est juste, net, franc, grand dans son allure et vigoureux dans ses coups. Il a surtout besoin d'ordre et de clarté, ayant toujours en vue le peuple auquel il parle, et la voie où il conduit ceux qui croient en lui. L'ardeur d'un combat perpétuel enflamme sa vie et ses écrits. Son cœur a de grandes révoltes et des haines larges et sublimes qui le rongent en secret, mais que domine et dissimule son exacte raison. Après tout, il marche le pas qu'il veut, sait jeter des semences à une grande profondeur, et attendre qu'elles aient germé, dans une immobilité effrayante. Il est maître de lui et de beaucoup d'âmes qu'il entraîne du nord au sud, selon son bon vouloir ; il tient un peuple dans sa main, et l'opinion qu'on a de lui le tient dans le respect de lui-même, et l'oblige à surveiller sa vie. — C'est le véritable, LE GRAND ÉCRIVAIN.

Celui-là n'est pas malheureux ; il a ce qu'il a voulu avoir ; il sera toujours combattu, mais avec des armes courtoises ; et, quand il donnera des armistices à ses ennemis, il recevra les hommages des deux camps. Vainqueur ou vaincu, son front est couronné. Il n'a nul besoin de votre pitié.

Mais il est une autre sorte de nature, nature plus passionnée, plus pure et plus rare. Celui qui vient d'elle est inhabile à tout ce qui n'est pas l'œuvre divine, et vient au monde à de rares intervalles, heureusement pour lui, malheureusement pour l'espèce humaine. Il y vient pour être à charge aux autres, quand il appartient complètement à cette race exquise et puissante qui fut celle des grands hommes inspirés. — L'émotion est née avec lui si profonde et si intime qu'elle l'a plongé, dès l'enfance, dans des extases involontaires, dans des rêveries interminables, dans des inventions infinies. L'imagination le possède par-dessus tout. Puissamment construite, son âme retient et juge toute chose avec une large mémoire et un sens droit et pénétrant ; mais l'imagination emporte ses facultés vers le ciel aussi irrésistiblement que le ballon enlève la nacelle. Au moindre choc, elle part ; au plus petit souffle, elle vole et ne cesse d'errer dans l'espace qui n'a pas de routes humaines. Fuite sublime vers des mondes inconnus, vous devenez l'habitude invincible de son âme ! Dès lors, plus de rapports avec les hommes qui ne soient altérés et rompus sur quelques points. Sa sensibilité est devenue trop vive ; ce qui ne fait qu'effleurer les autres le blesse jusqu'au sang ; les affections et les tendresses de sa vie sont écrasantes et disproportionnées ; ses enthousiasmes excessifs l'égarent ; ses sympathies sont trop vraies ; ceux qu'il plaint souffrent moins que lui, et il se meurt des peines des autres. Les dégoûts, les frois-

sements et les résistances de la société humaine
le jettent dans des abattements profonds, dans de
noires indignations, dans des désolations insur-
montables, parce qu'il comprend tout trop complètement et trop profondément, et parce que son
œil va droit aux causes qu'il déplore ou dédaigne,
quand d'autres yeux s'arrêtent à l'effet qu'ils combattent. De la sorte, il se tait, s'éloigne, se retourne
sur lui-même et s'y enferme comme en un cachot.
Là, dans l'intérieur de sa tête brûlée, se forme et
s'accroît quelque chose de pareil à un volcan. Le
feu couve sourdement et lentement dans ce cra-
tère, et laisse échapper ses laves harmonieuses, qui
d'elles-mêmes sont jetées dans la divine forme des
vers. Mais le jour de l'éruption, le sait-il ? On dirait
qu'il assiste en étranger à ce qui se passe en lui-
même, tant cela est imprévu et céleste ! Il marche
consumé par des ardeurs secrètes et des langueurs
inexplicables. Il va comme un malade et ne sait où
il va ; il s'égare trois jours, sans savoir où il s'est
traîné, comme fit jadis celui qu'aime le mieux la
France[1] ; il a besoin de *ne rien faire*, pour faire
quelque chose en son art. Il faut qu'il ne fasse rien
d'utile et de journalier pour avoir le temps d'écouter les accords qui se forment lentement dans son
âme, et que le bruit grossier d'un travail positif et
régulier interrompt et fait infailliblement éva-
nouir. — C'est LE POÈTE.

Celui-là est retranché dès qu'il se montre :
toutes vos larmes, toute votre pitié pour lui !

Pardonnez-lui et sauvez-le. Cherchez et trouvez
pour lui une vie assurée, car à lui seul il ne saura

trouver que la mort! — C'est dans la première jeunesse qu'il sent sa force naître, qu'il pressent l'avenir de son génie, qu'il étreint d'un amour immense l'humanité et la nature, et c'est alors qu'on se défie de lui et qu'on le repousse.

Il crie à la multitude : « C'est à vous que je parle, faites que je vive! » Et la multitude ne l'entend pas ; elle répond : « Je ne te comprends point ! » Et elle a raison.

Car son langage choisi n'est compris que d'un petit nombre d'hommes choisi lui-même. Il leur crie : « Écoutez-moi, et faites que je vive ! » Mais les uns sont enivrés de leurs propres œuvres, les autres sont dédaigneux et veulent dans l'enfant la perfection de l'homme ; la plupart sont distraits et indifférents, tous sont impuissants à faire le bien. Ils répondent : « Nous ne pouvons rien ! » Et ils ont raison.

Il crie au Pouvoir : « Écoutez-moi, et faites que je ne meure pas ! » Mais le Pouvoir déclare qu'il ne protège que les intérêts positifs, et qu'il est étranger à l'intelligence, dont il a ombrage ; et cela hautement déclaré et imprimé, il répond : « Que ferais-je de vous ? » Et il a raison. Tout le monde a raison contre lui. Et lui, a-t-il tort ? — Que faut-il qu'il fasse ? — Je ne sais ; mais voici ce qu'il peut faire.

Il peut, s'il a de la force, se faire soldat et passer sa vie sous les armes ; une vie agitée, grossière, où l'activité physique *tuera* l'activité morale. Il peut, s'il en a la patience, se condamner aux travaux du chiffre, où le calcul *tuera* l'illusion. Il peut encore, si son cœur ne se soulève pas trop violemment, courber et amoindrir sa pensée, et cesser de chanter pour écrire. Il peut être Homme de lettres, ou mieux encore ; si la philosophie vient à son aide, et s'il peut se dompter, il deviendra utile et grand Écrivain, mais à la longue, le jugement aura *tué* l'imagination, et avec elle, hélas ! le vrai Poème qu'elle portait dans son sein.

Dans tous les cas, il *tuera* une partie de lui-même ; mais pour ces demi-suicides, pour ces immenses résignations, il faut encore une force rare. Si elle ne lui a pas été donnée, cette force, ou si les occasions de l'employer ne se trouvent pas sur sa route, et lui manquent, même pour s'immoler ; si, plongé dans cette lente destruction de lui-même, il ne s'y peut tenir, quel parti prendre ?

Celui que prit Chatterton · se tuer tout entier ; il reste peu à faire.

Le voilà donc criminel ! criminel devant Dieu et les hommes. Car LE SUICIDE EST UN CRIME RELI-GIEUX ET SOCIAL. Qui veut le nier ? qui pense à dire autre chose ? — C'est ma conviction, comme c'est, je crois, celle de tout le monde. Voilà qui est bien entendu. — Le devoir et la raison le disent. Il ne s'agit que de savoir si le désespoir n'est pas quelque chose d'un peu plus fort que la raison et le devoir.

Certes, on trouverait des choses bien sages à dire à Roméo sur la tombe de Juliette ; mais le malheur est que personne n'oserait ouvrir la bouche pour les prononcer devant une telle douleur. Songez à ceci ! la Raison est une puissance froide et lente qui nous lie peu à peu par les idées qu'elle apporte l'une après l'autre, comme les liens subtils, déliés et innombrables de Gulliver ; elle persuade, elle impose quand le cours ordinaire des jours n'est que peu troublé ; mais le Désespoir véritable est une puissance dévorante, irrésistible, hors des raisonnements, et qui commence par tuer la pensée d'un seul coup. Le Désespoir n'est pas une idée ; c'est une chose, une chose qui torture, qui serre et qui broie le cœur d'un homme comme une tenaille, jusqu'à ce qu'il soit fou et se jette dans la mort comme dans les bras d'une mère.

Est-ce lui qui est coupable, dites-le-moi ? ou bien est-ce la société qui le traque ainsi jusqu'au bout ?

Examinons ceci ; on peut trouver que c'en est la peine.

Il y a un jeu atroce, commun aux enfants du Midi[1] ; tout le monde le sait. On forme un cercle de charbons ardents ; on saisit un scorpion avec des pinces et on le pose au centre. Il demeure d'abord immobile jusqu'à ce que la chaleur le brûle ; alors il s'effraie et s'agite. On rit. Il se décide vite, marche droit à la flamme, et tente courageusement de se frayer une route à travers les charbons ; mais la douleur est excessive il se retire. On rit. Il fait lentement le tour du cercle et cherche partout un passage impossible. Alors il revient au centre et rentre dans sa première mais plus sombre immobilité. Enfin, il prend son parti, retourne contre lui-même son dard empoisonné, et tombe mort sur-le-champ. On rit plus fort que jamais.

C'est lui sans doute qui est cruel et coupable, et ces enfants sont bons et innocents.

Quand un homme meurt de cette manière, est-il donc Suicide ? C'est la société qui le jette dans le brasier.

Je le répète, la religion et la raison, idées sublimes, sont des idées cependant, et il y a telle cause de désespoir extrême qui tue les idées d'abord et l'homme ensuite : la faim par exemple. — J'espère être assez positif. Ceci n'est pas de l'idéologie.

Il me sera donc permis peut-être de dire timidement qu'il serait bon de ne pas laisser un homme arriver jusqu'à ce degré de désespoir.

Je ne demande à la société que ce qu'elle peut faire. Je ne la prierai point d'empêcher les peines de cœur et les infortunes idéales, de faire que Werther et Saint-Preux n'aiment ni Charlotte ni Julie d'Étanges ; je ne la prierai pas d'empêcher qu'un riche désœuvré, roué et blasé, ne quitte la vie par dégoût de lui-même et des autres. Il y a, je le sais, mille idées de désolation auxquelles on ne peut rien. — Raison de plus, ce me semble, pour penser à celles auxquelles on peut quelque chose.

L'infirmité de l'inspiration est peut-être ridicule et malséante, je le veux. Mais on pourrait ne pas laisser mourir cette sorte de malades. Ils sont toujours peu nombreux, et je ne puis me refuser à croire qu'ils ont quelque valeur, puisque l'humanité est unanime sur leur grandeur, et les déclare immortels sur quelques vers : quand ils sont morts, il est vrai.

Je sais bien que la rareté même de ces hommes inspirés et malheureux semblera prouver contre ce que j'ai écrit. — Sans doute, l'ébauche imparfaite que j'ai tentée de ces natures divines ne peut retracer que quelques traits des grandes figures du passé. On dira que les symptômes du génie se montrent sans enfantement ou ne produisent que des œuvres avortées ; que tout homme jeune et rêveur n'est pas poète pour cela ; que des essais ne sont pas des preuves ; que quelques vers ne donnent pas des droits. — Et qu'en savons-nous ? Qui donc nous donne à nous-mêmes le droit d'étouffer le gland, en disant qu'il ne sera pas chêne ?

Je dis, moi, que quelques vers suffiraient à les faire reconnaître de leur vivant, si l'on savait y regarder. Qui ne dit à présent qu'il eût donné tout au moins une pension alimentaire à André Chénier sur l'ode de *La Jeune Captive* seulement, et l'eût déclaré poète sur les trente vers de *Myrto*[1] ? Mais je suis assuré que, durant sa vie (et il n'y a pas longtemps de cela), on ne pensait pas ainsi ; car il disait :

> *Las du mépris des sots qui suit la pauvreté,*
> *Je regarde la tombe, asile souhaité*[1].

Jean La Fontaine a gravé pour vous, d'avance, sur sa pierre, avec son insouciance désespérée :

> *Jean s'en alla comme il était venu,*
> *Mangeant son fonds avec son revenu*[2].

Mais, sans ce *fonds*, qu'eût-il fait ? à quoi, s'il vous plaît, *était-il bon* ? Il vous le dit : à dormir et ne rien faire. Il fût infailliblement mort de faim.

Les beaux vers, il faut dire le mot, sont une marchandise qui ne plaît pas au commun des hommes. Or, la multitude seule multiplie le salaire ; et, dans les plus belles des nations, la multitude ne cesse qu'à la longue d'être *commune* dans ses goûts et d'aimer ce qui est *commun*. Elle ne peut arriver qu'après une lente instruction donnée par les esprits d'élite ; et, en attendant, elle écrase sous tous ses pieds les talents naissants, dont elle n'entend même pas les cris de détresse.

Eh ! n'entendez-vous pas le bruit des pistolets solitaires ? Leur explosion est bien plus éloquente que ma faible voix. N'entendez-vous pas ces jeunes désespérés qui demandent le pain quotidien, et dont personne ne paie le travail ? Eh quoi ! les nations manquent-elles à ce point de superflu ? Ne prendrons-nous pas, sur les palais et les milliards que nous donnons, une mansarde et un pain pour ceux qui tentent sans cesse d'idéaliser leur nation malgré elle ? Cesserons-nous de leur dire : « Désespère et meurs ; *despair and die* » ? — C'est au législateur à guérir cette plaie, l'une des plus vives et des plus profondes de notre corps social ; c'est à lui qu'il appartient de réaliser dans le présent une partie des jugements meilleurs de l'avenir, en assurant quelques années d'existence seulement à tout homme qui aurait donné un seul gage du talent divin. Il ne lui faut que deux choses : la vie et la rêverie ; le PAIN et le TEMPS.

Voilà le sentiment et le vœu qui m'a fait écrire ce drame ; je ne descendrai pas de cette question à celle de la forme d'art que j'ai créée. La vanité la plus vaine est peut-être celle des théories littéraires. Je ne cesse de m'étonner qu'il y ait eu des hommes qui aient pu croire de bonne foi, durant un jour entier, à la durée des règles qu'ils écrivaient. Une idée vient au monde tout armée, comme Minerve ; elle revêt en naissant la seule armure qui lui convienne et qui doive dans l'avenir être sa forme durable : l'une, aujourd'hui, aura un vêtement composé de mille pièces ; l'autre, demain, un vêtement simple. Si elle paraît belle à tous, on se hâte de calquer sa forme et de prendre sa mesure ; les rhéteurs notent ses dimensions pour qu'à l'avenir on en taille de semblables. Soin puéril ! Il n'y a ni maître ni école en poésie ; le seul maître, c'est celui qui daigne faire descendre dans l'homme l'émotion féconde, et

faire sorur les idées de nos fronts, qui en sont brisés quelquefois.

Puisse cette forme ne pas être renversée par
l'assemblée qui la jugera dans six mois ! Avec elle
périrait un plaidoyer en faveur de quelques infor-
tunés inconnus ; mais je crois trop pour craindre
beaucoup. — Je crois surtout à l'avenir et au
besoin universel de choses sérieuses ; maintenant
que l'amusement des yeux par des surprises enfantines fait sourire tout le monde au milieu même
de ses grandes aventures, c'est, ce me semble, le
temps du DRAME DE LA PENSÉE.

Une idée qui est l'examen d'une blessure de
l'âme devait avoir dans sa forme l'unité la plus
complète, la simplicité la plus sévère. S'il existait
une intrigue moins compliquée que celle-ci, je la
choisirais. L'action matérielle est assez peu de
chose pourtant. Je ne crois pas que personne la
réduise à une plus simple expression que moi-
même je ne le vais faire : — C'est l'histoire d'un
homme qui a écrit une lettre le matin, et qui
attend la réponse jusqu'au soir ; elle arrive, et le
tue. — Mais ici l'action morale est tout. L'action
est dans cette âme livrée à de noires tempêtes ; elle
est dans les cœurs de cette jeune femme et de ce
vieillard qui assistent à la tourmente, cherchant en
vain à retarder le naufrage, et luttent contre un
ciel et une mer si terribles que le bien est impuissant, et entraîné lui-même dans le désastre inévitable.

J'ai voulu montrer l'homme spiritualiste étouffé
par une société matérialiste, où le calculateur

avare exploite sans pitié l'intelligence et le travail. Je n'ai point prétendu justifier les actes désespérés des malheureux, mais protester contre l'indifférence qui les y contraint. Peut-on frapper trop fort sur l'indifférence si difficile à éveiller, sur la distraction si difficile à fixer ? Y a-t-il un autre moyen de toucher la société que de lui montrer la torture de ses victimes ?

Le Poète était tout pour moi ; Chatterton n'était qu'un nom d'homme, et je viens d'écarter à dessein des faits exacts de sa vie pour ne prendre de sa destinée que ce qui la rend un exemple à jamais déplorable d'une noble misère.

Toi que tes compatriotes appellent aujourd'hui *merveilleux enfant*[1] ! que tu aies été juste ou non, tu as été malheureux ; j'en suis certain, et cela me suffit. — Âme désolée, pauvre âme de dix-huit ans ! pardonne-moi de prendre pour symbole le nom que tu portais sur la terre, et de tenter le bien en ton nom.

Écrit du 29 au 30 juin 1834.

CARACTÈRES ET COSTUMES
DES RÔLES PRINCIPAUX

Époque 1770. — La scène est à Londres.

CHATTERTON

Caractère. — Jeune homme de dix-huit ans, pâle, énergique de visage, faible de corps, épuisé de veilles et de pensée, simple et élégant à la fois dans ses manières, timide et tendre devant Kitty Bell, amical et bon avec le quaker, fier avec les autres, et sur la défensive avec tout le monde ; grave et passionné dans l'accent et le langage.

Costume. — Habit noir, veste noire, pantalon gris, bottes molles, cheveux bruns sans poudre, tombant un peu en désordre ; l'air à la fois militaire et ecclésiastique.

KITTY BELL

Caractère. — Jeune femme de vingt-deux ans environ, mélancolique, gracieuse, élégante par nature plus que par éducation, réservée, religieuse, timide dans ses manières, tremblante devant son mari, expansive et abandonnée seulement dans son amour maternel. Sa

pitié pour Chatterton va devenir de l'amour, elle le
sent, elle en frémit ; la réserve qu'elle s'impose en
devient plus grande ; tout doit indiquer, dès qu'on la
voit, qu'une douleur imprévue et une subite terreur
peuvent la faire mourir tout à coup.

Costume. — Chapeau de velours noir, de ceux qu'on
nomme *à la Paméla*[1] ; robe longue, de soie grise ; rubans
noirs ; longs cheveux bouclés dont les *repentirs* flottent
sur le sein.

LE QUAKER

Caractère. — Vieillard de quatre-vingts ans, sain et
robuste de corps et d'âme, énergique et chaleureux
dans son accent, d'une bonté paternelle pour ceux qui
l'entourent, les surveillant en silence et les dirigeant
sans vouloir les heurter ; humoriste et misanthropique
lorsqu'il voit les vices de la société ; irrité contre elle et
indulgent pour chaque homme en particulier, il ne se
sert de son esprit mordant que lorsque l'indignation
l'emporte ; son regard est pénétrant, mais il feint de
n'avoir rien vu pour être maître de sa conduite ; ami
de la maison et attentif à l'accomplissement de tous
les devoirs et au maintien de l'ordre et de la paix, chacun en secret l'avoue pour directeur de son âme et de
sa vie.

Costume. — Habit, veste, culotte, bas couleur noisette,
brun clair ou gris ; grand chapeau rond à larges bords ;
cheveux blancs aplatis et tombants.

JOHN BELL

Caractère. — Homme de quarante-cinq à cinquante
ans, vigoureux, rouge de visage, gonflé d'ale, de porter
et de roastbeef, étalant dans sa démarche l'aplomb de

sa richesse ; le regard soupçonneux, dominateur ; avare et jaloux, brusque dans ses manières, et faisant sentir le maître à chaque geste et à chaque mot.

Costume. — Cheveux plats sans poudre, large et simple habit brun.

LORD BECKFORD

Caractère. — Vieillard riche, important ; figure de protecteur sot ; les joues orgueilleuses, satisfaites, pendant sur une cravate brodée ; un pas ferme et imposant. Rempli d'estime pour la richesse et de mépris pour la pauvreté.

Costume. — Collier de lord-maire au cou ; habit riche, veste de brocart, grande canne à pomme d'or.

LORD TALBOT

Caractère. — Fat et bon garçon à la fois, joyeux compagnon, étourdi et vif de manières, ennemi de toute application et heureux surtout d'être délivré de tout spectacle triste et de toute affaire sérieuse.

Costume. — Habit de chasse rouge, ceinture de chamois, culotte de peau, cheveux à grosse queue légèrement poudrés, casquette noire vernie.

NOTA. — Les personnages sont placés sur le théâtre dans l'ordre de l'inscription de leurs noms en tête de chaque scène, et il est entendu que les termes de droite et de gauche s'appliquent au spectateur.

PERSONNAGES
ET DISTRIBUTION DES RÔLES
Telle qu'elle eut lieu à la Comédie-Française
le 12 février 1835

CHATTERTON	*M. Geffroy,*
UN QUAKER	*M. Joanny,*
KITTY BELL	*Mme Dorval,*
JOHN BELL	*M. Guiaud,*
LORD BECKFORD, lord-maire de Londres	*M. Duparay,*
LORD TALBOT	*M. Mirecour,*
LORD LAUDERDALE	*M. Mathien,*
LORD KINGSTON	*M. Welsch,*
UN GROOM	*M. Monlaur,*
UN OUVRIER	*M. Faure.*
RACHEL, fille de Kitty Bell, âgée de six ans	
SON FRÈRE, jeune garçon de quatre ans	
TROIS JEUNES LORDS	
DOUZE OUVRIERS de la fabrique de John Bell	
DOMESTIQUES du lord-maire	
DOMESTIQUE de John Bell	
UN GROOM	

ACTE PREMIER

La scène représente un vaste appartement; arrière-boutique opulente et confortable de la maison de John Bell. À gauche du spectateur, une cheminée pleine de charbon de terre allumé. À droite, la porte de la chambre à coucher de Kitty Bell. Au fond, une grande porte vitrée : à travers les petits carreaux on aperçoit une riche boutique; un grand escalier tournant conduit à plusieurs portes étroites et sombres parmi lesquelles se trouve la porte de la petite chambre de Chatterton.

Le Quaker lit dans un coin de la chambre, à gauche du spectateur. À droite est assise Kitty Bell; à ses pieds un enfant assis sur un tabouret; une jeune fille debout à côté d'elle.

SCÈNE PREMIÈRE

LE QUAKER, KITTY BELL, RACHEL

KITTY BELL, *à sa fille qui montre un livre à son frère*: Il me semble que j'entends parler mon-

sieur ; ne faites pas de bruit, enfants. (*Au Quaker.*)
Ne pensez-vous pas qu'il arrive quelque chose ?
(*Le Quaker hausse les épaules.*) Mon Dieu ! votre
père est en colère ! certainement, il est fort en
colère ; je l'entends bien au son de sa voix. — Ne
jouez pas, je vous en prie, Rachel. (*Elle laisse tomber
son ouvrage et écoute.*) Il me semble qu'il s'apaise,
n'est-ce pas, monsieur ? (*Le Quaker fait signe que
oui, et continue sa lecture.*) N'essayez pas ce petit
collier, Rachel ; ce sont des vanités du monde que
nous ne devons pas même toucher. — Mais qui
donc vous a donné ce livre-là ? C'est une Bible ;
qui vous l'a donnée, s'il vous plaît ? Je suis sûre
que c'est le jeune monsieur qui demeure ici
depuis trois mois.

RACHEL : Oui, maman.

KITTY BELL : Oh ! mon Dieu ! qu'a-t-elle fait là !
— Je vous ai défendu de rien accepter, ma fille, et
rien surtout de ce pauvre jeune homme. — Quand
donc l'avez-vous vu, mon enfant ? Je sais que vous
êtes allée ce matin, avec votre frère, l'embrasser
dans sa chambre. Pourquoi êtes-vous entrés chez
lui, mes enfants ? C'est bien mal ! (*Elle les embrasse.*)
Je suis certaine qu'il écrivait encore, car depuis
hier au soir sa lampe brûlait toujours.

RACHEL : Oui, et il pleurait.

KITTY BELL : Il pleurait ! Allons, taisez-vous ! ne
parlez de cela à personne ; vous irez rendre ce livre
à M. Tom quand il vous appellera ; mais ne le
dérangez jamais, et ne recevez de lui aucun présent. Vous voyez que, depuis trois mois qu'il loge
ici, je ne lui ai même pas parlé une fois, et vous avez

accepté quelque chose, un livre. Ce n'est pas bien.
— Allez… allez embrasser le bon quaker. — Allez,
c'est bien le meilleur ami que Dieu nous ait donné.

> *Les enfants courent s'asseoir sur les genoux du Quaker.*

LE QUAKER : Venez sur mes genoux tous les
deux, et écoutez-moi bien. — Vous allez dire à
votre bonne petite mère que son cœur est simple,
pur et véritablement chrétien ; mais qu'elle est
plus enfant que vous dans sa conduite, qu'elle n'a
pas assez réfléchi à ce qu'elle vient de vous ordon-
ner, et que je la prie de considérer que rendre à
un malheureux le cadeau qu'il a fait, c'est l'humilier et lui faire mesurer toute sa misère.

KITTY BELL *s'élance de sa place* : Oh ! il a raison ! il a
mille fois raison ! — Donnez, donnez-moi ce livre,
Rachel. — Il faut le garder, ma fille ! le garder
toute ta vie. — Ta mère s'est trompée. — Notre
ami a toujours raison.

LE QUAKER, *ému et lui baisant la main* : Ah ! Kitty
Bell ! Kitty Bell ! âme simple et tourmentée ! — Ne
dis point cela de moi. — Il n'y a pas de sagesse
humaine. — Tu le vois bien, si j'avais raison au
fond, j'ai eu tort dans la forme. — Devais-je aver-
tir les enfants de l'erreur légère de leur mère ?
— Il n'y a pas, ô Kitty Bell, il n'y a pas si belle pensée à laquelle ne soit supérieur un des élans de
ton cœur chaleureux, un des soupirs de ton âme
tendre et modeste.

> *On entend une voix tonnante.*

KITTY BELL, *effrayée* : Oh ! mon Dieu ! encore en colère ! — La voix de leur père me répond là. (*Elle porte la main à son cœur.*) Je ne puis plus respirer. — Cette voix me brise le cœur. — Que lui a-t-on fait ? Encore une colère comme hier au soir… (*Elle tombe sur un fauteuil.*) J'ai besoin d'être assise. — N'est-ce pas comme un orage qui vient ? et tous les orages tombent sur mon pauvre cœur.

LE QUAKER : Ah ! je sais ce qui monte à la tête de votre seigneur et maître : c'est une querelle avec les ouvriers de sa fabrique. — Ils viennent de lui envoyer, de Norton[1] à Londres, une députation pour demander la grâce d'un de leurs compagnons. Les pauvres gens ont bien fait vainement une lieue à pied ! — Retirez-vous tous les trois… vous êtes inutiles ici. — Cet homme-là vous tuera… c'est une espèce de vautour qui écrase sa couvée.

> *Kitty Bell sort, la main sur son cœur, en s'appuyant sur la tête de son fils, qu'elle emmène avec Rachel.*

SCÈNE II

LE QUAKER, JOHN BELL,
UN GROUPE D'OUVRIERS

LE QUAKER, *seul, regardant arriver John Bell* : Le voilà en fureur… Voilà l'homme riche, le spéculateur heureux ; voilà l'égoïste par excellence, le juste selon la loi.

JOHN BELL, *vingt ouvriers le suivent en silence et s'arrêtent contre la porte. Aux ouvriers, avec colère* : Non, non, non, non ! — Vous travaillerez davantage, voilà tout.

UN OUVRIER, *à ses camarades* : Et vous gagnerez moins, voilà tout.

JOHN BELL : Si je savais qui a répondu cela, je le chasserais sur-le-champ comme l'autre.

LE QUAKER : Bien dit, John Bell ! tu es beau précisément comme un monarque au milieu de ses sujets.

JOHN BELL : Comme vous êtes quaker, je ne vous écoute pas, vous ; mais si je savais lequel de ceux-là vient de parler ! Ah !... l'homme sans foi que celui qui a dit cette parole ! Ne m'avez-vous pas tous vu compagnon parmi vous ? Comment suis-je arrivé au bien-être que l'on me voit ? Ai-je acheté tout d'un coup toutes les maisons de Norton avec sa fabrique ? Si j'en suis le seul maître à présent, n'ai-je pas donné l'exemple du travail et de l'économie ? N'est-ce pas en plaçant les produits de ma journée que j'ai nourri mon année ? Me suis-je montré paresseux ou prodigue dans ma conduite ? — Que chacun agisse ainsi, et il deviendra aussi riche que moi. Les machines diminuent votre salaire, mais elles augmentent le mien[1] ; j'en suis très fâché pour vous, mais très content pour moi. Si les machines vous appartenaient, je trouverais très bon que leur production vous appartînt ; mais j'ai acheté les mécaniques avec l'argent que mes bras ont gagné : faites de même, soyez laborieux, et surtout économes.

— Rappelez-vous bien ce sage proverbe de nos pères : *Gardons bien les sous, les shellings se gardent eux-mêmes.* Et à présent, qu'on ne me parle plus de Tobie ; il est chassé pour toujours. Retirez-vous sans rien dire, parce que le premier qui parlera sera chassé, comme lui, de la fabrique, et n'aura ni pain, ni logement, ni travail dans le village.

Ils sortent.

LE QUAKER : Courage, ami ! je n'ai jamais entendu au Parlement un raisonnement plus sain que le tien.

JOHN BELL *revient encore irrité et s'essuyant le visage* : Et vous, ne profitez pas de ce que vous êtes quaker pour troubler tout, partout où vous êtes. — Vous parlez rarement, mais vous devriez ne parler jamais. — Vous jetez au milieu des actions des paroles qui sont comme des coups de couteau.

LE QUAKER : Ce n'est que du bon sens, maître John ; et quand les hommes sont fous, cela leur fait mal à la tête. Mais je n'en ai pas de remords ; l'impression d'un mot vrai ne dure pas plus que le temps de le dire ; c'est l'affaire d'un moment.

JOHN BELL : Ce n'est pas là mon idée : vous savez que j'aime assez à raisonner avec vous sur la politique ; mais vous mesurez tout à votre toise, et vous avez tort. La secte de vos quakers est déjà une exception dans la chrétienté, et vous êtes vous-même une exception parmi les quakers. — Vous avez partagé tous vos biens entre vos neveux ; vous ne possédez plus rien qu'une chétive subsistance, et vous achevez votre vie dans l'immobilité et la méditation. — Cela vous convient, je le veux ; mais ce que je ne veux pas, c'est que, dans ma maison, vous veniez, en public, autoriser mes inférieurs à l'insolence.

LE QUAKER : Eh ! que te fait, je te prie, leur insolence ? Le bêlement de tes moutons t'a-t-il jamais empêché de les tondre et de les manger ? — Y a-t-il un seul de ces hommes dont tu ne puisses vendre le lit ? Y a-t-il dans le bourg de Norton une seule famille qui n'envoie ses petits garçons et ses filles tousser et pâlir en travaillant tes laines ? Quelle maison ne t'appartient pas et n'est chèrement louée par toi ? Quelle minute de leur existence ne t'est pas donnée ? Quelle goutte de sueur ne te rapporte un shelling ? La terre de Norton, avec les maisons et les familles, est portée dans ta main comme le globe dans la main de Charlemagne. — Tu es le baron absolu de ta fabrique féodale.

JOHN BELL : C'est vrai, mais c'est juste. — La terre est à moi, parce que je l'ai achetée ; les maisons, parce que je les ai bâties ; les habitants, parce que je les loge ; et le travail, parce que je le paie. Je suis juste selon la loi.

LE QUAKER : Et ta loi est-elle juste selon Dieu ?

JOHN BELL : Si vous n'étiez quaker, vous seriez pendu pour parler ainsi.

LE QUAKER : Je me pendrais moi-même plutôt que de parler autrement, car j'ai pour toi une amitié véritable.

JOHN BELL : S'il n'était vrai, docteur, que vous êtes mon ami depuis vingt ans, et que vous avez sauvé un de mes enfants, je ne vous reverrais jamais.

LE QUAKER : Tant pis, car je ne te sauverais plus toi-même, quand tu es plus aveuglé par la folie jalouse des spéculateurs que les enfants par la faiblesse de leur âge. — Je désire que tu ne chasses pas ce malheureux ouvrier. — Je ne te le demande pas, parce que je n'ai jamais rien demandé à personne, mais je te le conseille.

JOHN BELL : Ce qui est fait est fait. — Que n'agissent-ils tous comme moi ? — Que tout travaille et serve dans leur famille. — Ne fais-je pas travailler ma femme, moi ? — Jamais on ne la voit, mais elle est ici tout le jour ; et tout en baissant les yeux, elle s'en sert pour travailler beaucoup. — Malgré mes ateliers et mes fabriques aux environs de Londres, je veux qu'elle continue à diriger du fond de ses appartements cette maison de plaisance, où viennent les lords, au retour du Parlement, de la chasse ou de Hyde Park. Cela me fait de bonnes relations que j'utilise plus tard. — Tobie était un ouvrier habile, mais sans prévoyance. — Un calculateur véritable ne laisse rien subsister d'inutile autour de lui. — Tout doit rapporter, les choses animées et inanimées. — La terre est féconde, l'argent est aussi fertile, et le temps rapporte l'argent. — Or, les femmes ont des années comme nous, donc c'est perdre un bon revenu que de laisser passer ce temps sans emploi. — Tobie a laissé sa femme et ses filles dans la paresse ; c'est un malheur très grand pour lui, mais je n'en suis pas responsable.

LE QUAKER : Il s'est rompu le bras dans une de tes machines.

JOHN BELL : Oui, et même il a rompu la machine.

LE QUAKER : Et je suis sûr que dans ton cœur tu regrettes plus le ressort de fer que le ressort de chair et de sang : va, ton cœur est d'acier comme tes mécaniques. — La Société deviendra comme ton cœur, elle aura pour dieu un lingot d'or et pour Souverain Pontife[1] un usurier juif. Mais ce n'est pas ta faute, tu agis fort bien selon ce que tu as trouvé autour de toi en venant sur la terre ; je ne t'en veux pas du tout, tu as été conséquent, c'est une qualité rare. — Seulement, si tu ne veux pas me laisser parler, laisse-moi lire.

> *Il reprend son livre et se retourne dans son fauteuil.*

JOHN BELL *ouvre la porte de sa femme avec force* : Mistress Bell ! venez ici.

SCÈNE III

LES PRÉCÉDENTS, KITTY BELL

KITTY BELL, *avec effroi, tenant ses enfants par la main (ils se cachent dans la robe de leur mère par crainte de leur père)* : Me voici.

JOHN BELL : Les comptes de la journée d'hier, s'il vous plaît ? — Ce jeune homme qui loge là-haut n'a-t-il pas d'autre nom que Tom ? ou Thomas ?... J'espère qu'il en sortira bientôt.

KITTY BELL (*elle va prendre un registre sur une table, et le lui apporte*) : Il n'a écrit que ce nom-là sur nos registres en louant cette petite chambre. — Voici mes comptes du jour avec ceux des derniers mois.

JOHN BELL (*il lit les comptes sur le registre*) : Catherine[1] ! vous n'êtes plus aussi exacte. (*Il s'interrompt et la regarde en face avec un air de défiance.*) Il veille toute la nuit, ce Tom ? — C'est bien étrange. — Il a l'air fort misérable. (*Revenant au registre, qu'il parcourt des yeux.*) Vous n'êtes plus aussi exacte.

KITTY BELL : Mon Dieu ! pour quelle raison me dire cela ?

JOHN BELL : Ne la soupçonnez-vous pas, mistress Bell ?

KITTY BELL : Serait-ce parce que les chiffres sont mal disposés ?

JOHN BELL : La plus sincère met de la finesse partout. Ne pouvez-vous pas répondre droit et regarder en face ?

KITTY BELL : Mais enfin, que trouvez-vous là qui vous fâche ?

JOHN BELL : C'est ce que je ne trouve pas qui me fâche, et dont l'absence m'étonne...

KITTY BELL, *avec embarras* : Mais il n'y a qu'à voir, je ne sais pas bien.

JOHN BELL : Il manque là cinq ou six guinées[2] ; à la première vue, j'en suis sûr.

KITTY BELL : Voulez-vous m'expliquer comment ?...

JOHN BELL, *la prenant par le bras* : Passez dans votre chambre, s'il vous plaît, vous serez moins distraite. — Les enfants sont désœuvrés, je n'aime pas cela. — Ma maison n'est plus si bien tenue. Rachel est trop décolletée ; je n'aime pas du tout cela... (*Rachel court se jeter entre les jambes du Quaker. John Bell poursuit en s'adressant à Kitty Bell, qui est entrée dans sa chambre à coucher avant lui.*) Me voici, me voici ; recommencez cette colonne et multipliez par sept.

Il entre dans la chambre après Kitty Bell.

SCÈNE IV

LE QUAKER, RACHEL

RACHEL : J'ai peur !

LE QUAKER : De frayeur en frayeur, tu passeras ta vie d'esclave. Peur de ton père, peur de ton mari un jour, jusqu'à la délivrance. (*Ici on voit Chatterton sortir de sa chambre et descendre lentement l'escalier. Il s'arrête et regarde le vieillard et l'enfant.*) Joue, belle enfant, jusqu'à ce que tu sois femme ; oublie jusque-là, et après, oublie encore, si tu peux. Joue toujours et ne réfléchis jamais. Viens sur mon genou. — Là. — Tu pleures ! tu caches ta tête dans ma poitrine. Regarde, regarde, voilà ton ami qui descend.

SCÈNE V

CHATTERTON, *après avoir embrassé Rachel, qui court au devant de lui, donne la main au Quaker* : Bonjour, mon sévère ami.

LE QUAKER : Pas assez comme ami, et pas assez comme médecin. Ton âme te ronge le corps. Tes mains sont brûlantes et ton visage est pâle. — Combien de temps espères-tu vivre ainsi ?

CHATTERTON : Le moins possible. — Mistress Bell n'est-elle pas ici ?

LE QUAKER : Ta vie n'est-elle donc utile à personne ?

CHATTERTON : Au contraire, ma vie est de trop à tout le monde.

LE QUAKER : Crois-tu fermement ce que tu dis ?

CHATTERTON : Aussi fermement que vous croyez à la charité chrétienne.

Il sourit avec amertume.

LE QUAKER : Quel âge as-tu donc ? Ton cœur est pur et jeune comme celui de Rachel, et ton esprit expérimenté est vieux comme le mien.

CHATTERTON : J'aurai demain dix-huit ans.

LE QUAKER : Pauvre enfant !

CHATTERTON : Pauvre ? oui. — Enfant ? non… J'ai vécu mille ans !

LE QUAKER : Ce ne serait pas assez pour savoir

la moitié de ce qu'il y a de mal parmi les hommes.
— Mais la science universelle, c'est l'infortune.

CHATTERTON : Je suis donc bien savant !… Mais
j'ai cru que mistress Bell était ici. — Je viens
d'écrire une lettre qui m'a bien coûté.

LE QUAKER : Je crains que tu ne sois trop bon. Je
t'ai bien dit de prendre garde à cela. Les hommes
sont divisés en deux parts : martyrs et bourreaux.
Tu seras toujours martyr de tous, comme la mère
de cette enfant-là.

CHATTERTON, *avec un élan violent* : La bonté
d'un homme ne le rend victime que jusqu'où il le
veut bien, et l'affranchissement est dans sa main.

LE QUAKER : Qu'entends-tu par là ?

CHATTERTON, *embrassant Rachel, dit de la voix
la plus tendre* : Voulons-nous faire peur à cette
enfant ? et si près de l'oreille de sa mère ?

LE QUAKER : Sa mère a l'oreille frappée d'une
voix moins douce que la tienne, elle n'entendrait
pas. — Voilà trois fois qu'il la demande !

CHATTERTON, *s'appuyant sur le fauteuil où le Quaker est assis* : Vous me grondez toujours ; mais dites-
moi seulement pourquoi on ne se laisserait pas
aller à la pente de son caractère, dès qu'on est sûr
de quitter la partie quand la lassitude viendra ?
Pour moi, j'ai résolu de ne me point masquer et
d'être moi-même jusqu'à la fin, d'écouter, en tout,
mon cœur dans ses épanchements comme dans
ses indignations, et de me résigner à bien accomplir ma loi. À quoi bon feindre le rigorisme, quand
on est indulgent ? On verrait un sourire de pitié
sous ma sévérité factice, et je ne saurais trouver un

voile qui ne fût transparent. — On me trahit de tout côté, je le vois, et me laisse tromper par dédain de moi-même, par ennui de prendre ma défense. J'envie quelques hommes en voyant le plaisir qu'ils trouvent à triompher de moi par des ruses grossières; je les vois de loin en ourdir les fils, et je ne me baisserais pas pour en rompre un seul, tant je suis devenu indifférent à ma vie. Je suis d'ailleurs assez vengé par leur abaissement, qui m'élève à mes yeux, et il me semble que la Providence ne peut laisser aller longtemps les choses de la sorte. N'avait-elle pas son but en me créant? Ai-je le droit de me roidir contre elle pour réformer la nature? Est-ce à moi de démentir Dieu?

LE QUAKER : En toi, la rêverie continuelle a tué l'action.

CHATTERTON : Eh! qu'importe, si une heure de cette rêverie produit plus d'œuvres que vingt jours de l'action des autres? Qui peut juger entre eux et moi? N'y a-t-il pour l'homme que le travail du corps? et le labeur de la tête n'est-il pas digne de quelque pitié? Eh! grand Dieu! la seule science de l'esprit, est-ce la science des nombres? Pythagore est-il le dieu du monde? Dois-je dire à l'inspiration ardente : « Ne viens pas, tu es inutile? »

LE QUAKER : Elle t'a marqué au front de son caractère fatal. Je ne te blâme pas, mon enfant, mais je te pleure.

CHATTERTON (*il s'assied*) : Bon Quaker, dans votre société fraternelle et spiritualiste, a-t-on pitié de ceux que tourmente la passion de la pensée? Je le crois; je vous vois indulgent pour moi, sévère pour tout le monde ; cela me calme un peu. (*Ici Rachel va s'asseoir sur les genoux de Chatterton.*) En vérité, depuis trois mois, je suis presque heureux ici : on n'y sait pas mon nom, on ne m'y parle pas de moi, et je vois de beaux enfants sur mes genoux.

LE QUAKER : Ami, je t'aime pour ton caractère sérieux. Tu serais digne de nos assemblées religieuses, où l'on ne voit pas l'agitation des papistes, adorateurs d'images, où l'on n'entend pas les chants puérils des protestants[1]. Je t'aime, parce que je devine que le monde te hait. Une âme contemplative est à charge à tous les désœuvrés remuants qui couvrent la terre : l'imagination et le recueillement sont deux maladies dont personne n'a pitié ! — Tu ne sais seulement pas les noms des ennemis secrets qui rôdent autour de toi ; mais j'en sais qui te haïssent d'autant plus qu'ils ne te connaissent pas.

CHATTERTON, *avec chaleur* : Eh ! cependant, n'ai-je pas quelque droit à l'amour de mes frères, moi qui travaille pour eux nuit et jour ; moi qui cherche avec tant de fatigues, dans les ruines nationales, quelques fleurs de poésie dont je puisse extraire un parfum durable ; moi qui veux ajouter une perle de plus à la couronne d'Angleterre, et qui plonge dans tant de mers et de fleuves pour la chercher ? (*Ici Rachel quitte Chatterton ; elle va s'asseoir sur un tabouret aux pieds du Quaker et regarde des gravures.*) Si vous saviez mes travaux !… J'ai fait de ma chambre la cellule d'un cloître ; j'ai béni et sanctifié ma vie et ma pensée ; j'ai raccourci ma vue, et j'ai éteint devant mes yeux les lumières de notre âge ; j'ai fait mon cœur plus simple ; je me suis appris le parler enfantin du vieux temps ; j'ai écrit, comme le roi Harold au duc Guillaume, en vers à demi saxons et francs ; et ensuite, cette muse du dixième siècle, cette muse religieuse, je l'ai placée dans une châsse comme une sainte[1]. — Ils l'auraient brisée s'ils l'avaient crue faite de ma main : ils l'ont adorée comme l'œuvre d'un moine qui n'a jamais existé, et que j'ai nommé Rowley.

LE QUAKER : Oui, ils aiment assez à faire vivre les morts et mourir les vivants.

CHATTERTON : Cependant on a su que ce livre était fait par moi. On ne pouvait plus le détruire, on l'a laissé vivre ; mais il ne m'a donné qu'un peu de bruit, et je ne puis faire d'autre métier que celui d'écrire. — J'ai tenté de me ployer à tout, sans y parvenir. — On m'a parlé de travaux exacts ; je les ai abordés, sans pouvoir les accomplir. — Puissent les hommes pardonner à Dieu de m'avoir ainsi créé ! — Est-ce excès de force, ou n'est-ce que faiblesse honteuse ? — Je n'en sais rien, mais jamais je ne pus enchaîner dans des canaux étroits et réguliers les débordements tumultueux de mon esprit, qui toujours inondait ses rives malgré moi. J'étais incapable de suivre les lentes opérations des calculs journaliers, j'y renonçai le premier. J'avouai mon esprit vaincu par le chiffre, et j'eus dessein d'exploiter mon corps. Hélas ! mon ami ! autre douleur ! autre humiliation ! — Ce corps, dévoré dès l'enfance par les ardeurs de mes veilles, est trop faible pour les rudes travaux de la mer ou de l'armée ; trop faible même pour la moins fatigante industrie. (*Il se lève avec une agitation involontaire.*) Et, d'ailleurs, eussé-je les forces d'Hercule, je trouverais toujours entre moi et mon ouvrage l'ennemie fatale née avec moi : la fée malfaisante trouvée sans doute dans mon berceau, la Distraction, la Poésie ! — Elle se met partout ; elle me donne et m'ôte tout ; elle charme et détruit toute chose pour moi ; elle m'a sauvé… elle m'a perdu !

LE QUAKER : Et à présent que fais-tu donc ?

CHATTERTON : Que sais-je ?… J'écris. — Pourquoi ? Je n'en sais rien… Parce qu'il le faut.

> *Il tombe assis, et n'écoute plus la réponse du Quaker. Il regarde Rachel et l'appelle près de lui.*

LE QUAKER : La maladie est incurable !

CHATTERTON : La mienne ?

LE QUAKER : Non, celle de l'humanité. — Selon ton cœur, tu prends en bienveillante pitié ceux qui te disent : «Sois un autre homme que celui que tu es» ; — moi, selon ma tête, je les ai en mépris, parce qu'ils veulent dire : «Retire-toi de notre soleil ; il n'y a pas de place pour toi.» Les guérira qui pourra. J'espère peu en moi ; mais, du moins, je les poursuivrai.

CHATTERTON, *continuant de parler à Rachel, à qui il a parlé bas pendant la réponse du Quaker* : Et vous ne l'avez plus, votre Bible ? où est donc votre maman ?

LE QUAKER, *se levant* : Veux-tu sortir avec moi ?

CHATTERTON, *à Rachel* : Qu'avez-vous fait de la Bible, miss Rachel ?

LE QUAKER : N'entends-tu pas le maître qui gronde ? Écoute !

JOHN BELL, *dans la coulisse* : Je ne le veux pas. — Cela ne se peut pas ainsi. — Non, non, madame.

LE QUAKER, *à Chatterton, en prenant son chapeau et sa canne à la hâte* : Tu as les yeux rouges, il faut prendre l'air. Viens, la fraîche matinée te guérira de ta nuit brûlante.

CHATTERTON, *regardant venir Kitty Bell* : Certainement cette jeune femme est fort malheureuse.

LE QUAKER : Cela ne regarde personne. Je voudrais que personne ne fût ici quand elle sortira. Donne la clef de ta chambre ; donne. — Elle la trouvera tout à l'heure. Il y a des choses d'intérieur qu'il ne faut pas avoir l'air d'apercevoir. — Sortons. — La voilà.

CHATTERTON : Ah ! comme elle pleure ! — Vous avez raison... je ne pourrais pas voir cela. — Sortons.

SCÈNE VI

KITTY BELL *entre en pleurant,*
suivie de JOHN BELL.

KITTY BELL, *à Rachel, en la faisant entrer dans la chambre d'où elle sort* : Allez avec votre frère, Rachel, et laissez-moi ici. (*À son mari.*) Je vous le demande mille fois, n'exigez pas que je vous dise pourquoi ce peu d'argent vous manque ; six guinées, est-ce quelque chose pour vous ? Considérez bien, monsieur, que j'aurais pu vous le cacher dix fois en altérant mes calculs. Mais je ne ferais pas un mensonge, même pour sauver mes enfants, et j'ai préféré vous demander la permission de garder le silence là-dessus, ne pouvant ni vous dire la vérité, ni mentir, sans faire une méchante action.

JOHN BELL : Depuis que le ministre a mis votre main dans la mienne, vous ne m'avez pas résisté de cette manière.

KITTY BELL : Il faut donc que le motif en soit sacré.

JOHN BELL : Ou coupable, madame.

KITTY BELL, *avec indignation* : Vous ne le croyez pas !

JOHN BELL : Peut-être.

KITTY BELL : Ayez pitié de moi ! vous me tuez par de telles scènes.

JOHN BELL : Bah ! vous êtes plus forte que vous ne le croyez.

KITTY BELL, *se levant* : Ah ! n'y comptez pas trop... Au nom de nos pauvres enfants !

JOHN BELL : Où je vois un mystère, je vois une faute.

KITTY BELL : Et si vous n'y trouviez qu'une bonne action ? quel regret pour vous !

JOHN BELL : Si c'est une bonne action, pourquoi vous être cachée ?

KITTY BELL : Pourquoi, John Bell ? Parce que votre cœur s'est endurci, et que vous m'auriez empêchée d'agir selon le mien. Et cependant, qui donne au pauvre prête au Seigneur.

JOHN BELL : Vous feriez mieux de prêter à intérêts sur de bons gages.

KITTY BELL : Dieu vous pardonne vos sentiments et vos paroles !

JOHN BELL, *marchant dans la chambre à grands pas* : Depuis quelque temps vous lisez trop ; je n'aime pas cette manie dans une femme... Voulez-vous être une « bas-bleu[1] » ?

KITTY BELL : Oh ! mon ami ! en viendrez-vous jusqu'à me dire des choses méchantes parce que, pour la première fois, je ne vous obéis pas sans restrictions ? — Je ne suis qu'une femme simple et faible ; je ne sais rien que mes devoirs de chrétienne.

JOHN BELL : Les savoir pour ne pas les remplir, c'est une profanation.

KITTY BELL : Accordez-moi quelques semaines de silence seulement sur ces comptes, et le premier mot qui sortira de ma bouche sera le pardon que je vous demanderai pour avoir tardé à vous dire la vérité. Le second sera le récit exact de ce que j'ai fait.

JOHN BELL : Je désire que vous n'ayez rien à dissimuler.

KITTY BELL : Dieu le sait ! il n'y a pas une minute de ma vie dont le souvenir puisse me faire rougir.

JOHN BELL : Et cependant jusqu'ici vous ne m'avez rien caché.

KITTY BELL : Souvent la terreur nous apprend à mentir.

JOHN BELL : Vous savez donc faire un mensonge ?

KITTY BELL : Si je le savais, vous prierais-je de ne pas m'interroger ? — Vous êtes un juge impitoyable.

JOHN BELL : Impitoyable ! Vous me rendrez compte de cet argent.

KITTY BELL : Eh bien, je vous demande jusqu'à demain pour cela.

JOHN BELL : Soit ; jusqu'à demain je n'en parlerai plus.

KITTY BELL *lui baise la main* : Ah ! je vous retrouve. — Vous êtes bon. — Soyez-le toujours.

JOHN BELL : C'est bien ! c'est bien ! songez à demain.

Il sort.

KITTY BELL, *seule* : Pourquoi, lorsque j'ai touché la main de mon mari, me suis-je reproché d'avoir gardé ce livre ? — La conscience ne peut pas avoir tort. (*Elle rêve.*) Je le rendrai.

Elle sort à pas lents.

ACTE II

SCÈNE PREMIÈRE

LE QUAKER, CHATTERTON

CHATTERTON *entre vite et comme en se sauvant* : Enfin nous voilà au port !

LE QUAKER : Ami, est-ce un accès de folie qui t'a pris ?

CHATTERTON : Je sais très bien ce que je fais.

LE QUAKER : Mais pourquoi rentrer ainsi tout à coup ?

CHATTERTON, *agité* : Croyez-vous qu'il m'ait vu ?

LE QUAKER : Il n'a pas détourné son cheval, et je ne l'ai pas vu tourner la tête une fois. Ses deux grooms l'ont suivi au grand trot. Mais pourquoi l'éviter, ce jeune homme ?

CHATTERTON : Vous êtes sûr qu'il ne m'a pas reconnu ?

LE QUAKER : Si le serment n'était un usage impie, je pourrais le jurer.

CHATTERTON : Je respire. — C'est que vous

savez bien qu'il est de mes amis. C'est Lord Talbot.

LE QUAKER : Eh bien, qu'importe ? Un ami n'est guère plus méchant qu'un autre homme.

CHATTERTON, *marchant à grands pas, avec humeur* : Il ne pouvait rien m'arriver de pis que de le voir. Mon asile était violé, ma paix était troublée, mon nom était connu ici.

LE QUAKER : Le grand malheur !

CHATTERTON : Le savez-vous, mon nom, pour en juger ?

LE QUAKER : Il y a quelque chose de bien puéril dans ta crainte. Tu n'es que sauvage, et tu seras pris pour un criminel si tu continues.

CHATTERTON : Oh ! mon Dieu, pourquoi suis-je sorti avec vous ? Je suis certain qu'il m'a vu.

LE QUAKER : Je l'ai vu souvent venir ici après ses parties de chasse.

CHATTERTON : Lui ?

LE QUAKER : Oui, lui, avec de jeunes lords de ses amis.

CHATTERTON : Il est écrit que je ne pourrai poser ma tête nulle part. Toujours des amis !

LE QUAKER : Il faut être bien malheureux pour en venir à dire cela.

CHATTERTON, *avec humeur* : Vous n'avez jamais marché aussi lentement qu'aujourd'hui.

LE QUAKER : Prends-toi à moi de ton désespoir. Pauvre enfant ! rien n'a pu t'occuper dans cette promenade. La nature est morte devant tes yeux.

CHATTERTON : Croyez-vous que mistress Bell

soit très pieuse? Il me semble lui avoir vu une
Bible dans les mains.

LE QUAKER, *brusquement* : Je n'ai point vu cela.
C'est une femme qui aime ses devoirs et qui craint
Dieu. Mais je n'ai pas vu qu'elle eût aucun livre
dans les mains. (*À part.*) Où va-t-il se prendre! à
quoi ose-t-il penser? J'aime mieux qu'il se noie
que de s'attacher à cette branche. — C'est une
jeune femme très froide, qui n'est émue que pour
ses enfants, quand ils sont malades. Je la connais
depuis sa naissance.

CHATTERTON : Je gagerais cent livres sterling
que cette rencontre de Lord Talbot me portera
malheur.

LE QUAKER : Comment serait-ce possible?

CHATTERTON : Je ne sais comment cela se fera,
mais vous verrez si cela manque. — Si cette jeune
femme aimait un homme, il ferait mieux de se
faire sauter la cervelle que de la séduire. Ce serait
affreux, n'est-ce pas?

LE QUAKER : N'y aura-t-il jamais une de tes idées
qui ne tourne au désespoir?

CHATTERTON : Je sens autour de moi quelque
malheur inévitable. J'y suis tout accoutumé. Je
ne résiste plus. Vous verrez cela; c'est un curieux
spectacle. — Je me reposais ici, mais mon ennemie ne m'y laissera pas.

LE QUAKER : Quelle ennemie?

CHATTERTON : Nommez-la comme vous voudrez : la Fortune, la Destinée; que sais-je, moi?

LE QUAKER : Tu t'écartes de la religion.

CHATTERTON *va à lui et lui prend la main* :

Vous avez peur que je ne fasse du mal ici ?
— Ne craignez rien. Je suis inoffensif comme les
enfants. Docteur, vous avez vu quelquefois des
pestiférés ou des lépreux ? Votre premier désir
était de les écarter de l'habitation des hommes.
— Écartez-moi, repoussez-moi, ou bien laissez-
moi seul ; je me séparerai moi-même plutôt que
de donner à personne la contagion de mon infortune. (*Cris et coups de fouet d'une partie de chasse
finie.*) Tenez, voilà comme on dépiste le sanglier
solitaire !

SCÈNE II

CHATTERTON, LE QUAKER, JOHN BELL,
KITTY BELL

JOHN BELL, *à sa femme* : Vous avez mal fait, Kitty,
de ne pas me dire que c'était un personnage de
considération.

Un domestique apporte un thé.

KITTY BELL : En est-il ainsi ? En vérité, je ne le
savais pas.

JOHN BELL : De très grande considération. Lord
Talbot m'a fait dire que c'était son ami, et un
homme distingué qui ne veut pas être connu.

KITTY BELL : Hélas ! il n'est donc plus malheureux[1] ? — J'en suis bien aise. Mais je ne lui parlerai pas, je m'en vais.

JOHN BELL : Restez, restez. Invitez-le à prendre

le thé avec le docteur, en famille ; cela fera plaisir
à Lord Talbot.

> *Il va s'asseoir à droite, près de la table*
> *à thé.*

LE QUAKER, *a Chatterton qui fait un mouvement*
pour se retirer chez lui : Non, non, ne t'en va pas, on
parle de toi.

KITTY BELL, *au Quaker* : Mon ami, voulez-vous
avoir la bonté de lui demander s'il veut déjeuner
avec mon mari et mes enfants ?

LE QUAKER : Vous avez tort de l'inviter, il ne
peut pas souffrir les invitations.

KITTY BELL : Mais c'est mon mari qui ¹e veut.

LE QUAKER : Sa volonté est souveraine. (*À Chatter-*
ton.) Madame invite son hôte à déjeuner, et désire
qu'il prenne le thé en famille ce matin… (*À part.*)
Il ne faut pas accepter ; c'est par ordre de son mari
qu'elle fait cette démarche ; mais cela lui déplaît.

JOHN BELL, *assis, lisant le journal, s'adresse à Kitty* :
L'a-t-on invité ?

KITTY BELL   Le docteur lui en parle.

CHATTERTON, *au Quaker* : Je suis forcé de me
retirer chez moi.

LE QUAKER, *à Kitty* · Il est forcé de se retirer
chez lui.

KITTY BELL, *à John Bell* : Monsieur est forcé de
se retirer chez lui.

JOHN BELL : C'est de l'orgueil : il croit nous
honorer trop.

> *Il tourne le dos et se remet à lire*

CHATTERTON, *au Quaker* : Je n'aurais pas accepté ;
c'était par pitié qu'on m'invitait.

> *Il va vers sa chambre, le Quaker le suit
> et le retient. Ici un domestique amène les
> enfants et les fait asseoir à table. Le Quaker
> s'assied au fond, Kitty Bell à droite, John
> Bell à gauche, tournant le dos à la chambre,
> les enfants près de leur mère.*

SCÈNE III

LES PRÉCÉDENTS, LORD TALBOT,
LORD LAUDERDALE, LORD KINGSTON,
ET TROIS JEUNES LORDS, *en habit
de chasse*

LORD TALBOT, *un peu ivre* : Où est-il ? où est-il ?
Le voilà, mon camarade ! mon ami ! Que diable
fais-tu ici ? Tu nous as quittés ? Tu ne veux plus
de nous ? C'est donc fini ? Parce que tu es illustre
à présent, tu nous dédaignes. Moi, je n'ai rien
appris de bon à Oxford, si ce n'est à boxer, j'en
conviens, mais cela ne m'empêche pas d'être ton
ami. — Messieurs, voilà mon bon ami...

CHATTERTON, *voulant l'interrompre* : Milord...

LORD TALBOT : Mon ami Chatterton.

CHATTERTON, *sérieusement, lui pressant la main* :
George, George ! toujours indiscret !

LORD TALBOT : Est-ce que cela te fait de la
peine ? — L'auteur des poèmes qui font tant de
bruit ! le voilà ! Messieurs, j'ai été à l'Université

avec lui[1]. — Ma foi, je ne me serais pas douté de ce talent-là. Ah! le sournois, comme il m'a attrapé! — Mon cher, voilà Lord Lauderdale et Lord Kingston, qui savent par cœur ton poème d'*Harold*. Ah! si tu veux souper avec nous, tu seras content d'eux, sur mon honneur. Ils disent les vers comme Garrick[2]. — La chasse au renard ne t'amuse pas; sans cela, je t'aurais prêté Rébecca, que ton père m'a vendue. Mais tu sais que nous venons tous souper ici après la chasse. Ainsi, à ce soir. Ah! par Dieu! nous nous amuserons. — Mais tu es en deuil! Ah diable!

CHATTERTON, *avec tristesse* : Oui, de mon père[3].

LORD TALBOT : Ah! il était bien vieux aussi. Que veux-tu? te voilà héritier.

CHATTERTON, *amèrement* : Oui. De tout ce qu'il lui restait.

LORD TALBOT : Ma foi, si tu dépenses aussi noblement ton argent qu'à Oxford, cela te fera honneur; cependant tu étais déjà bien sauvage. Eh bien, je deviens comme toi à présent, en vérité. J'ai le spleen, mais ce n'est que pour une heure ou deux. — Ah! mistress Bell, vous êtes une puritaine. Touchez là, vous ne m'avez pas donné la main aujourd'hui. Je dis que vous êtes une puritaine, sans cela je vous recommanderais mon ami.

JOHN BELL : Répondez donc à milord, Kitty! Milord, Votre Seigneurie sait comme elle est timide. (*À Kitty.*) Montrez de bonnes dispositions pour son ami.

KITTY BELL : Votre Seigneurie ne doit pas dou-

ter de l'intérêt que mon mari prend aux per-
sonnes qui veulent bien loger chez lui.

JOHN BELL : Elle est si sauvage, milord, qu'elle
ne lui a pas adressé la parole une fois, le croiriez-
vous ? pas une fois depuis trois mois qu'il loge ici !

LORD TALBOT : Oh ! maître John Bell, c'est une
timidité dont il faut la corriger. Ce n'est pas bien.
Allons, Chatterton, que diable, corrige-la toi aussi,
corrige-la.

LE QUAKER, *sans se lever* : Jeune homme, depuis
cinq minutes que tu es ici, tu n'as pas dit un mot
qui ne fût de trop.

LORD TALBOT : Qu'est-ce que c'est que ça ? Quel
est cet animal sauvage ?

JOHN BELL : Pardon, milord, c'est un quaker.

Rires joyeux.

LORD TALBOT : C'est vrai. Oh ! quel bonheur !
un quaker ! (*Le lorgnant.*) Mes amis, c'est un gibier
que nous n'avions pas fait lever encore.

Éclats de rire des lords.

CHATTERTON *va vite à Lord Talbot* : (À *demi-
voix.*) George, tout cela est bien léger ; mon caractère ne s'y prête pas... Tu sais cela, souviens-toi de
Primerose Hill[1] !... J'aurai à te parler à ton retour
de la chasse.

LORD TALBOT, *consterné* : Ah ! si tu veux jouer
encore du pistolet, comme tu voudras ! Mais je
croyais t'avoir fait plaisir, moi. Est-ce que je t'ai
affligé ? Ma foi, nous avons bu un peu sec ce matin.
— Qu'est-ce que j'ai donc dit, moi ? J'ai voulu te

mettre bien avec eux tous. Tu viens ici pour la
petite femme, hein ? J'ai vu ça, moi.

CHATTERTON : Ciel et terre ! Milord, pas un mot
de plus.

LORD TALBOT : Allons, il est de mauvaise
humeur ce matin. Mistress Bell, ne lui donnez pas
de thé vert, il me tuerait ce soir, en vérité.

KITTY BELL, *à part* : Mon Dieu, comme il me
parle effrontément !

LORD LAUDERDALE *vient serrer la main à Chatterton* : Par Dieu ! je suis bien aise de vous connaître :
vos vers m'ont fort diverti.

CHATTERTON : Diverti, milord ?

LORD LAUDERDALE : Oui, vraiment, et je suis
charmé de vous voir installé ici ; vous avez été plus
adroit que Talbot, vous me ferez gagner mon pari.

LORD KINGSTON : Oui, oui, il a beau jeter ses
guinées chez le mari, il n'aura pas la petite Catherine, comment ?... Kitty...

CHATTERTON : Oui, milord, Kitty, c'est son nom
en abrégé.

KITTY BELL, *à part* : Encore ! Ces jeunes gens me
montrent au doigt, et devant lui !

LORD KINGSTON : Je crois bien qu'elle aurait eu
un faible pour lui, mais vous l'avez, ma foi, sup-
planté. Au surplus, George est un bon garçon et ne
vous en voudra pas. — Vous me paraissez souffrant.

CHATTERTON : Surtout en ce moment, milord.

LORD TALBOT : Assez, messieurs, assez ; n'allez
pas trop loin.

Deux grooms entrent à la fois.

UN GROOM : Les chevaux de milord sont prêts.

LORD TALBOT, *frappant sur l'épaule de John Bell* : Mon bon John Bell, il n'y a de bons vins de France et d'Espagne que dans la maison de votre petite dévote de femme. Nous voulons les boire en rentrant, et tenez-moi pour un maladroit si je ne vous rapporte dix renards pour lui faire des fourrures. — Venez donc nous voir partir. — Passez, Lauderdale, passez donc. À ce soir tous, si Rébecca ne me casse pas le col.

JOHN BELL : Monsieur Chatterton, je suis vraiment heureux de faire connaissance avec vous. (*Il lui serre la main à lui casser l'épaule.*) Toute ma maison est à votre service. (*À Kitty qui allait se retirer.*) Mais, Catherine, causez donc un peu avec ce jeune homme. Il faut lui louer un appartement plus beau et plus cher.

KITTY BELL : Mes enfants m'attendent.

JOHN BELL : Restez, restez ; soyez polie : je le veux absolument.

CHATTERTON, *au Quaker* : Sortons d'ici. Voir sa dernière retraite envahie, son unique repos troublé, sa douce obscurité trahie ; voir pénétrer dans sa nuit de si grossières clartés ! Ô supplice ! — Sortons d'ici. — Vous l'avais-je dit ?

JOHN BELL : J'ai besoin de vous, docteur ; laissez monsieur avec ma femme ; je vous veux absolument, j'ai à vous parler. Je vous raccommoderai avec Sa Seigneurie.

LE QUAKER : Je ne sors pas d'ici.

Tous sortent. Il reste assis au milieu de

la scène. Kitty et Chatterton debout, les yeux baissés et interdits.

SCÈNE IV

CHATTERTON, LE QUAKER, KITTY BELL

LE QUAKER, *à Kitty Bell* : (*Il prend la main gauche de Chatterton et met sa main sur le cœur de ce jeune homme.*) Les cœurs jeunes, simples et primitifs ne savent pas encore étouffer les vives indignations que donne la vue des hommes. — Mon enfant, mon pauvre enfant, la solitude devient un amour bien dangereux. À vivre dans cette atmosphère, on ne peut plus supporter le moindre souffle étranger. La vie est une tempête, mon ami ; il faut s'accoutumer à tenir la mer. — N'est-ce pas une pitié, mistress Bell, qu'à son âge il ait besoin du port ? Je vais vous laisser lui parler et le gronder.

KITTY BELL, *troublée* : Non, mon ami, restez, je vous prie. John Bell serait fâché de ne plus vous trouver. Et d'ailleurs, ne tarde-t-il pas à monsieur de rejoindre ses amis d'enfance ? Je suis surprise qu'il ne les ait pas suivis.

LE QUAKER : Le bruit t'a importunée bien vivement, ma chère fille ?

KITTY BELL : Ah ! leur bruit et leurs intentions ! Monsieur n'est-il pas dans leurs secrets ?

CHATTERTON, *à part* : Elle les a entendus ! elle est affligée ! Ce n'est plus la même femme.

KITTY BELL, *au Quaker, avec une émotion mal conte-*

nue : Je n'ai pas vécu encore assez solitaire, mon ami ; je le sens bien.

LE QUAKER, *à Kitty Bell* : Ne sois pas trop sensible à des folies.

KITTY BELL : Voici un livre que j'ai trouvé dans les mains de ma fille. Demandez à monsieur s'il ne lui appartient pas.

CHATTERTON : En effet, il était à moi ; et à présent je serais bien aise qu'il revînt dans mes mains.

KITTY BELL, *à part* : Il a l'air d'y attacher du prix. Ô mon Dieu ! je n'oserai plus le rendre à présent ni le garder.

LE QUAKER, *à part* : Ah ! la voilà bien embarrassée. (*Il met la Bible dans sa poche, après avoir examiné à droite et à gauche leur embarras. À Chatterton.*) Tais-toi, je t'en prie ; elle est prête à pleurer.

KITTY BELL, *se remettant* : Monsieur a des amis bien gais et sans doute aussi très bons.

LE QUAKER : Ah ! ne les lui reprochons point ; il ne les cherchait pas.

KITTY BELL : Je sais bien que monsieur Chatterton ne les attendait pas ici.

CHATTERTON, *avec embarras et douleur* : La présence d'un ennemi mortel ne m'eût pas fait tant de mal ; croyez-le bien, madame.

KITTY BELL : Ils ont l'air de connaître si bien monsieur Chatterton ! et nous, nous le connaissons si peu !

LE QUAKER, *à demi-voix, à Chatterton* : Ah ! les misérables ! ils l'ont blessée au cœur.

CHATTERTON, *au Quaker* : Et moi, monsieur !

KITTY BELL : Monsieur Chatterton sait leur

conduite comme ils savent ses projets. Mais sa retraite ici, comment l'ont-ils interprétée !

LE QUAKER *se lève* : Que le Ciel confonde à jamais cette race de sauterelles qui s'abat à travers champs, et qu'on appelle les hommes aimables ! Voilà bien du mal en un moment.

CHATTERTON, *faisant asseoir le Quaker* : Au nom de Dieu ! ne sortez pas que je ne sache ce qu'elle a contre moi. Cela me trouble affreusement.

KITTY BELL : M. Bell m'a chargée d'offrir à monsieur Chatterton une chambre plus convenable.

CHATTERTON : Ah ! rien ne convient mieux que la mienne à mes projets.

KITTY BELL : Mais quand on ne parle pas de ses projets, on peut inspirer, à la longue, plus de crainte que l'on n'inspirait d'abord d'intérêt, et je...

CHATTERTON : Et ?...

KITTY BELL : Il me semble...

LE QUAKER : Que veux-tu dire ?

KITTY BELL : Que ces jeunes lords ont, en quelque sorte, le droit d'être surpris que leur ami les ait quittés pour cacher son nom et sa vie dans une famille aussi simple que la nôtre.

LE QUAKER, *à Chatterton* : Rassure-toi, ami ; elle veut dire que tu n'avais pas l'air, en arrivant, d'être le riche compagnon de ces riches petits lords.

CHATTERTON, *avec gravité* : Si l'on m'avait demandé ici ma fortune, mon nom et l'histoire de ma vie, je n'y serais pas entré... Si quelqu'un me les demandait aujourd'hui, j'en sortirais.

LE QUAKER : Un silence qui vient de l'orgueil peut être mal compris ; tu le vois.

CHATTERTON *va pour répondre, puis y renonce et s'écrie* : Une torture de plus dans un martyre, qu'importe !

Il se retire en fuyant.

KITTY BELL, *effrayée* : Ah ! mon Dieu ! pourquoi s'est-il enfui de la sorte ? Les premières paroles que je lui adresse lui causent du chagrin !... Mais en suis-je responsable aussi ! Pourquoi est-il venu ici ?... Je n'y comprends plus rien !... je veux le savoir !... Toute ma famille est troublée pour lui et par lui ! Que leur ai-je fait à tous ? Pourquoi l'avez-vous amené ici et non ailleurs, vous ? — Je n'aurais jamais dû me montrer, et je voudrais ne les avoir jamais vus.

LE QUAKER, *avec impatience et chagrin* : Mais c'était à moi seul qu'il fallait dire cela. Je ne m'offense ni ne me désole, moi. Mais à lui, quelle faute !

KITTY BELL : Mais, mon ami, les avez-vous entendus, ces jeunes gens ? — Ô mon Dieu ! comment se fait-il qu'ils aient la puissance de troubler ainsi une vie que le Sauveur même eût bénie ? — Dites, vous qui êtes un homme, vous qui n'êtes point de ces méchants désœuvrés, vous qui êtes grave et bon, vous qui pensez qu'il y a une âme et un Dieu ; dites, mon ami, comment donc doit vivre une femme ? Où donc faut-il se cacher ? Je me taisais, je baissais les yeux, j'avais étendu sur moi la solitude comme un voile, et ils l'ont déchiré. Je me croyais ignorée, et j'étais connue comme une de leurs femmes ; respectée, et j'étais l'objet d'un pari. À quoi donc m'ont servi mes deux enfants toujours à mes côtés comme des anges gardiens ? À quoi m'a servi la gravité de ma retraite ? Quelle femme sera honorée, grand Dieu ! si je n'ai pu l'être, et s'il suffit aux jeunes gens de la voir passer dans la rue pour s'emparer de son nom et s'en jouer comme d'une balle qu'ils se jettent l'un à l'autre ! (*La voix lui manque. Elle pleure.*) Ô mon ami, mon ami ! obtenez qu'ils ne reviennent jamais dans ma maison.

LE QUAKER : Qui donc ?

KITTY BELL : Mais eux… eux tous… tout le monde.

LE QUAKER : Comment ?

KITTY BELL : Et lui aussi… oui, lui.

Elle fond en larmes.

LE QUAKER : Mais tu veux donc le tuer ? Après tout, qu'a-t-il fait ?

KITTY BELL, *avec agitation* : Oh ! mon Dieu ! moi, le tuer ! — moi qui voudrais… Ô Seigneur, mon Dieu ! vous que je prie sans cesse, vous savez si j'ai voulu le tuer ! mais je vous parle et je ne sais si vous m'entendez. Je vous ouvre mon cœur, et vous ne me dites pas que vous y lisez. — Et si votre regard y a lu, comment savoir si vous n'êtes pas mécontent ! Ah ! mon ami… j'ai là quelque chose que je voudrais dire… Ah ! si mon père vivait encore ! (*Elle prend la main du Quaker.*) Oui, il y a des moments où je voudrais être catholique, à cause de leur confession. Enfin ! ce n'est autre chose que la confidence ; mais la confidence divinisée... j'en aurais besoin !

LE QUAKER : Ma fille, si ta conscience et la contemplation ne te soutiennent pas assez, que ne viens-tu donc à moi ?

KITTY BELL : Eh bien ! expliquez-moi le trouble où me jette ce jeune homme ! les pleurs que m'arrache malgré moi sa vue, oui ! sa seule vue !

LE QUAKER : Oh ! femme ! faible femme ! au nom de Dieu, cache tes larmes, car le voilà.

KITTY BELL : Oh ! Dieu ! son visage est renversé !

CHATTERTON, *rentrant comme un fou, sans chapeau. Il traverse la chambre et marche en parlant sans voir personne* : ... Et d'ailleurs, et d'ailleurs, ils ne possèdent pas plus leurs richesses que je ne possède cette chambre. — Le monde n'est qu'un mot. — On peut perdre ou gagner le monde sur parole, en un quart d'heure ! Nous ne possédons tous que nos six pieds, c'est le vieux Will qui l'a dit[1]. — Je vous rendrai votre chambre quand vous voudrez ; j'en veux une encore plus petite. Pourtant je voulais encore attendre le succès d'une certaine lettre. Mais n'en parlons plus.

Il se jette dans un fauteuil.

LE QUAKER *se lève et va à lui, lui prenant la tête. À demi-voix* : Tais-toi, ami, tais-toi, arrête. — Calme, calme ta tête brûlante. Laisse passer en silence tes emportements, et n'épouvante pas cette jeune femme qui t'est étrangère.

CHATTERTON *se lève vivement sur le mot* étran-

gère, *et dit avec une ironie frémissante* : Il n'y a personne sur la terre à présent qui ne me soit étranger. Devant tout le monde je dois saluer et me
taire. Quand je parle, c'est une hardiesse bien
inconvenante, et donc je dois demander humble-
ment pardon… Je ne voulais qu'un peu de repos
dans cette maison, le temps d'achever de coudre
l'une à l'autre quelques pages que je dois ; à peu
près comme un menuisier doit à l'ébéniste
quelques planches péniblement passées au rabot.
— Je suis ouvrier en livres, voilà tout. — Je n'ai
pas besoin d'un plus grand atelier que le mien, et
M. Bell est trop attendri de l'amitié de Lord Talbot pour moi. Lord Talbot, on peut l'aimer ici,
cela se conçoit. — Mais son amitié pour moi, ce
n'est rien. Cela repose sur une ancienne idée que
je lui ôterai d'un mot ; sur un vieux chiffre que je
rayerai de sa tête, et que mon père a emporté
dans le pli de son linceul ; un chiffre assez consi-
dérable, ma foi, et qui me valait beaucoup de
révérences et de serrements de main. — Mais tout
cela est fini, je suis ouvrier en livres. — Adieu,
madame ; adieu, monsieur. Ha ! ha ! — Je perds
bien du temps ! À l'ouvrage ! à l'ouvrage !

*Il monte à grands pas l'escalier de sa
chambre et s'y enferme.*

SCÈNE V

LE QUAKER, KITTY BELL, *consternés*

LE QUAKER : Tu es remplie d'épouvante, Kitty?

KITTY BELL : C'est vrai.

LE QUAKER : Et moi aussi.

KITTY BELL : Vous aussi? — Vous si fort, vous que rien n'a jamais ému devant moi? — Mon Dieu! qu'y a-t-il donc ici que je ne puis comprendre? Ce jeune homme nous a tous trompés; il s'est glissé ici comme un pauvre, et il est riche. Ces jeunes gens ne lui ont-ils pas parlé comme à leur égal? Qu'est-il venu faire ici? Qu'a-t-il voulu en se faisant plaindre? Pourtant, ce qu'il dit a l'air vrai, et lui, il a l'air bien malheureux.

LE QUAKER : Il serait bon que ce jeune homme mourût.

KITTY BELL : Mourir! pourquoi?

LE QUAKER : Parce que mieux vaut la mort que la folie.

KITTY BELL : Et vous croyez?… Ah! le cœur me manque.

Elle tombe assise.

LE QUAKER : … Que la plus forte raison ne tiendrait pas à ce qu'il souffre. — Je dois te dire toute ma pensée, Kitty Bell. Il n'y a pas d'ange au ciel qui soit plus pur que toi. La Vierge mère ne jette pas sur son enfant un regard plus chaste que le tien. Et pourtant, tu as fait, sans le vouloir, beaucoup de mal autour de toi.

KITTY BELL : Puissances du ciel! est-il possible?

LE QUAKER : Écoute, écoute, je t'en prie.
— Comment le mal sort du bien, et le désordre
de l'ordre même, voilà ce que tu ne peux t'expliquer, n'est-ce pas? Eh bien! sache, ma chère fille,
qu'il a suffi pour cela d'un regard de toi, inspiré
par la plus belle vertu qui siège à la droite de
Dieu, la pitié. — Ce jeune homme, dont l'esprit
a trop vite mûri sous les ardeurs de la poésie,
comme dans une serre brûlante, a conservé le
cœur naïf d'un enfant. Il n'a plus de famille, et,
sans se l'avouer, il en cherche une ; il s'est accoutumé à te voir vivre près de lui, et peut-être s'est
habitué à s'inspirer de ta vue et de ta grâce maternelle. La paix qui règne autour de toi a été aussi
dangereuse pour cet esprit rêveur que le sommeil
sous la blanche tubéreuse ; ce n'est pas ta faute si,
repoussé de tous côtés, il s'est cru heureux d'un
accueil bienveillant; mais enfin cette existence
de sympathie silencieuse et profonde est devenue
la sienne. — Te crois-tu donc le droit de la lui
ôter?

KITTY BELL : Hélas! croyez-vous donc qu'il ne
nous ait pas trompés?

LE QUAKER : Lovelace[1] avait plus de dix-huit
ans, Kitty. Et ne lis-tu pas sur le front de Chatterton la timidité de la misère? Moi, je l'ai sondée,
elle est profonde.

KITTY BELL : Oh! mon Dieu! quel mal a dû lui
faire ce que j'ai dit tout à l'heure!

LE QUAKER : Je le crois, madame.

KITTY BELL : Madame? — Ah! ne vous fâchez

pas. Si vous saviez ce que j'ai fait et ce que j'allais faire !

LE QUAKER : Je veux bien le savoir.

KITTY BELL : Je me suis cachée de mon mari, pour quelques sommes que j'ai données pour M. Chatterton. Je n'osais pas les lui demander et je ne les ai pas reçues encore. Mon mari s'en est aperçu. Dans ce moment même j'allais peut-être me déterminer à en parler à ce jeune homme. Oh ! que je vous remercie de m'avoir épargné cette mauvaise action ! Oui, c'eût été un crime assurément, n'est-ce pas ?

LE QUAKER : Il en aurait fait un, lui, plutôt que de ne pas vous satisfaire. Fier comme je le connais, cela est certain. Mon amie, ménageons-le. Il est atteint d'une maladie toute morale et presque incurable, et quelquefois contagieuse ; maladie terrible qui se saisit surtout des âmes jeunes, ardentes et toutes neuves à la vie, éprises de l'amour du juste et du beau, et venant dans le monde pour y rencontrer, à chaque pas, toutes les iniquités et toutes les laideurs d'une société mal construite. Ce mal, c'est la haine de la vie et l'amour de la mort : c'est l'obstiné Suicide.

KITTY BELL : Oh ! que le Seigneur lui pardonne ! serait-ce vrai ?

> *Elle se cache la tête pour pleurer.*

LE QUAKER : Je dis *obstiné*, parce qu'il est rare que ces malheureux renoncent à leur projet quand il est arrêté en eux-mêmes.

KITTY BELL · En est-il là ? En êtes-vous sûr ? Dites-

moi vrai! Dites-moi tout! Je ne veux pas qu'il
meure! — Qu'a-t-il fait? que veut-il? Un homme si
jeune! une âme céleste! la bonté des anges! la
candeur des enfants! une âme tout éclatante de
pureté, tomber ainsi dans le crime des crimes,
celui que Christ[1] hésiterait lui-même à pardonner! Non, cela ne sera pas, il ne se tuera pas. Que
lui faut-il? est-ce de l'argent? Eh bien! j'en aurai.
— Nous en trouverons bien quelque part pour lui.
Tenez, tenez, voilà des bijoux, que jamais je n'ai
daigné porter, prenez-les, vendez tout. — Se tuer!
là, devant moi, et mes enfants! — Vendez, vendez,
je dirai ce que je pourrai. Je recommencerai à me
cacher; enfin je ferai mon crime aussi, moi; je
mentirai: voilà tout.

LE QUAKER: Tes mains! tes mains! ma fille, que
je les adore. (*Il baise ses deux mains réunies.*) Tes
fautes sont innocentes, et pour cacher ton mensonge miséricordieux, les saintes tes sœurs éten-
draient leurs voiles; mais garde tes bijoux, c'est un
homme à mourir vingt fois devant un or qu'il n'aurait pas gagné ou tenu de sa famille. J'essayerais
bien inutilement de lutter contre sa faute unique,
vice presque vertueux, noble imperfection, péché
sublime: l'orgueil de la pauvreté.

KITTY BELL: Mais n'a-t-il pas parlé d'une lettre
qu'il aurait écrite à quelqu'un dont il attendrait
du secours?

LE QUAKER: Ah! c'est vrai! Cela était échappé à
mon esprit, mais ton cœur avait entendu. Oui,
voilà une ancre de miséricorde. Je m'y appuierai
avec lui.

Il veut sortir.

KITTY BELL : Mais… que voulait-il dire en parlant de Lord Talbot : « On peut l'aimer ici, cela se conçoit » ?

LE QUAKER : Ne songe point à ce mot-là ! Un esprit absorbé comme le sien, dans ses travaux et ses peines, est inaccessible aux petitesses d'un dépit jaloux, et plus encore aux vaines fatuités de ces coureurs d'aventures. Que voudrait dire cela ? Il faudrait donc supposer qu'il regarde ce Talbot comme essayant ses séductions près de Kitty Bell et avec succès, et supposer que Chatterton se croit le droit d'en être jaloux ; supposer que ce charme d'intimité serait devenu en lui une passion ?… Si cela était…

KITTY BELL : Oh ! ne me dites plus rien… laissez-moi m'enfuir.

> *Elle se sauve en fermant ses oreilles, et il la poursuit de sa voix.*

LE QUAKER : Si cela était, sur ma foi ! j'aimerais mieux le laisser mourir !

ACTE III

La chambre de Chatterton, sombre, petite, pauvre, sans feu, un lit misérable et en désordre.

CHATTERTON

CHATTERTON : (*Il est assis sur le pied de son lit et écrit sur ses genoux.*) Il est certain qu'elle ne m'aime pas. — Et moi… je n'y veux plus penser. — Mes mains sont glacées, ma tête est brûlante. — Me voilà seul en face de mon travail. — Il ne s'agit plus de sourire et d'être bon ! de saluer et de serrer la main ! Toute cette comédie est jouée : j'en commence une autre avec moi-même. — Il faut, à cette heure, que ma volonté soit assez puissante pour saisir mon âme et l'emporter tour à tour dans le cadavre ressuscité des personnages que j'évoque, et dans le fantôme de ceux que j'invente ! Ou bien il faut que, devant Chatterton malade, devant Chatterton qui a froid, qui a faim, ma volonté fasse

poser avec prétention un autre Chatterton, gra-
cieusement paré pour l'amusement du public, et
que celui-là soit décrit par l'autre : le troubadour
par le mendiant. Voilà les deux poésies possibles,
ça ne va pas plus loin que cela ! Les divertir ou leur
faire pitié ; faire jouer de misérables poupées, ou
l'être soi-même et faire trafic de cette singerie !
Ouvrir son cœur pour le mettre en étalage sur un
comptoir ! S'il a des blessures, tant mieux ! il a
plus de prix ; tant soit peu mutilé, on l'achète plus
cher ! (*Il se lève.*) Lève-toi, créature de Dieu, faite à
son image, et admire-toi encore dans cette condition ! (*Il rit et se rassied. Une vieille horloge sonne une
demi-heure, deux coups*[1].) Non, non !

L'heure t'avertit ; assieds-toi, et travaille, malheureux ! Tu perds ton temps en réfléchissant ; tu
n'as qu'une réflexion à faire, c'est que tu es un
pauvre. — Entends-tu bien ? un pauvre !

Chaque minute de recueillement est un vol que
tu te fais ; c'est une minute stérile. — Il s'agit bien
de l'idée, grand Dieu ! Ce qui rapporte, c'est le
mot. Il y a tel mot qui peut aller jusqu'à un shelling ; la pensée n'a pas cours sur la place.

Oh ! loin de moi, — loin de moi, je t'en supplie,
découragement glacé ! Mépris de moi-même,
ne viens pas achever de me perdre ! Détourne-
toi ! détourne-toi ! car, à présent, mon nom et ma
demeure, tout est connu ; et si demain ce livre n'est
pas achevé, je suis perdu ! oui, perdu ! sans espoir !
— Arrêté, jugé, condamné ! jeté en prison !

Oh ! dégradation ! Oh ! honteux travail ! (*Il
écrit.*) Il est certain que cette jeune femme ne

m'aimera jamais. — Eh bien! ne puis-je cesser d'avoir cette idée? (*Long silence.*) J'ai bien peu d'orgueil d'y penser encore. — Mais qu'on me dise donc pourquoi j'aurais de l'orgueil. De l'orgueil de quoi? Je ne tiens aucune place dans aucun rang. Et il est certain que ce qui me soutient, c'est cette fierté naturelle. Elle me crie toujours à l'oreille de ne pas ployer et de ne pas avoir l'air malheureux. — Et pour qui donc fait-on l'heureux quand on ne l'est pas? Je crois que c'est pour les femmes. Nous posons tous devant elles. — Les pauvres créatures, elles te prennent pour un trône, ô Publicité! vile Publicité! toi qui n'es qu'un pilori où le profane passant peut nous souffleter. En général, les femmes aiment celui qui ne s'abaisse devant personne. Eh bien! par le Ciel, elles ont raison. — Du moins, celle-ci qui a les yeux sur moi ne me verra pas baisser la tête. — Oh! si elle m'eût aimé! (*Il s'abandonne à une longue rêverie dont il sort violemment.*) Écris donc, malheureux, évoque donc ta volonté! — Pourquoi est-elle si faible? N'avoir pu encore lancer en avant cet esprit rebelle qu'elle excite et qui s'arrête! — Voilà une humiliation toute nouvelle pour moi! — Jusqu'ici je l'avais toujours vu partir avant son maître; il lui fallait un frein, et cette nuit c'est l'éperon qu'il lui faut. — Ah! ah! l'immortel! Ah! ah! le rude maître du corps! Esprit superbe, seriez-vous paralysé par ce misérable brouillard qui pénètre dans une chambre délabrée? Suffit-il, orgueilleux, d'un peu de vapeur froide pour vous vaincre? (*Il jette sur ses épaules la couverture de son lit.*) L'épais brouillard! il est tendu au dehors de ma fenêtre comme un rideau blanc, ou comme un linceul. — Il était pendu ainsi à la fenêtre de mon père la nuit de sa mort. (*L'horloge sonne trois quarts.*) Encore! le temps me presse; et rien n'est écrit. (*Il lit.*) « Harold! Harold!.. ô Christ! Harold... le duc Guillaume... »

Eh! que me fait cet Harold, je vous prie? Je ne puis comprendre comment j'ai écrit cela. (*Il déchire le manuscrit en parlant. — Un peu de délire le prend.*) J'ai fait le catholique; j'ai menti [1]. Si j'étais catholique, je me ferais moine et trappiste. Un trappiste n'a pour lit qu'un cercueil, mais au moins il y dort. — Tous les hommes ont un lit où ils dorment; moi, j'en ai un où je travaille pour de l'argent. (*Il porte la main à sa tête.*) Où vais-je? où vais-je? Le mot entraîne l'idée malgré elle... Ô Ciel! la folie ne marche-t-elle pas ainsi? Voilà qui peut épouvanter le plus brave... Allons! calme-toi. — Je relisais ceci... Oui!... ce poème-là n'est pas assez beau!... Écrit trop vite! — Écrit pour vivre! — Ô supplice! La bataille d'Hastings!... Les vieux Saxons!... Les jeunes Normands!... Me suis-je intéressé à cela? Non. Et pourquoi donc en as-tu parlé? — Quand j'avais tant à dire sur ce que je vois. (*Il se lève et marche à grands pas.*) Réveiller de froides cendres, quand tout frémit et souffre autour de moi; quand la Vertu appelle à son secours et se meurt à force de pleurer; quand le pâle Travail est dédaigné; quand l'Espérance a perdu son ancre; la Foi, son calice; la Charité, ses pauvres enfants; quand la

Loi est athée et corrompue comme une courti-
sane ; lorsque la Terre crie et demande justice au
Poète de ceux qui la fouillent sans cesse pour
avoir son or, et lui disent qu'elle peut se passer du
Ciel.

Et moi ! moi qui sens cela, je ne lui répondrais
pas ! Si ! par le Ciel ! je lui répondrai. Je frapperai
du fouet les méchants et les hypocrites. Je dévoi-
lerai Jeremiah Miles et Warton[1].

Ah ! misérable ! Mais... c'est la Satire ! tu deviens
méchant. (*Il pleure longtemps avec désolaiion.*) Écris
plutôt sur ce brouillard qui s'est logé à ta fenêtre
comme à celle de ton père. (*Il s'arrête. Il prend une
tabatière sur sa table.*) Le voilà, mon père ! — Vous
voilà ! Bon vieux marin ! franc capitaine de haut
bord, vous dormiez la nuit, vous, et, le jour vous
vous battiez ! vous n'étiez pas un Paria intelligent
comme l'est devenu votre pauvre enfant[2]. Voyez-
vous, voyez-vous ce papier blanc ? S'il n'est pas
rempli demain, j'irai en prison, mon père, et je
n'ai pas dans la tête un mot pour noircir ce papier,
parce que j'ai faim. — J'ai vendu, pour manger, le
diamant qui était là, sur cette boîte, comme une
étoile sur votre beau front. Et à présent je ne l'ai
plus et j'ai toujours la faim. Et j'ai aussi votre
orgueil, mon père, qui fait que je ne le dis pas.
— Mais vous qui étiez vieux et qui saviez qu'il faut
de l'argent pour vivre, et que vous n'en aviez pas à
me laisser, pourquoi m'avez-vous créé ? (*Il jette la
boîte. — Il court après, se met à genoux et pleure.*) Ah !
pardon, pardon, mon père ! mon vieux père en
cheveux blancs ! — Vous m'avez tant embrassé sur

vos genoux ! — C'est ma faute ! J'ai cru être poète !
C'est ma faute ; mais je vous assure que votre nom
n'ira pas en prison ! Je vous le jure, mon vieux
père. Tenez, tenez, voilà de l'opium[1] ! Si j'ai par
trop faim… je ne mangerai pas, je boirai. (*Il fond
en larmes sur la tabatière où est le portrait.*) Quelqu'un monte lourdement mon escalier de bois.
— Cachons ce trésor. (*Cachant l'opium.*) Et pourquoi ? ne suis-je donc pas libre ? plus libre que
jamais ? — Caton n'a pas caché son épée. Reste
comme tu es, Romain, et regarde en face.

> *Il pose l'opium au milieu de sa table.*

SCÈNE II

CHATTERTON, LE QUAKER

LE QUAKER, *jetant les yeux sur la fiole* : Ah !
CHATTERTON : Eh bien ?
LE QUAKER : Je connais cette liqueur. — Il y a là
au moins soixante grains d'opium. Cela te donne-
rait une certaine exaltation qui te plairait d'abord
assez comme poète, et puis un peu de délire, et
puis un bon sommeil bien lourd et sans rêve, je
t'assure. — Tu es resté bien longtemps seul, Chatterton.

> *Le Quaker pose le flacon sur la table,
> Chatterton le reprend à la dérobée.*

CHATTERTON : Et si je veux rester seul pour toujours, n'en ai-je pas le droit ?

LE QUAKER : (*Il s'assied sur le lit ; Chatterton reste debout, les yeux fixes et hagards.*) Les païens disaient cela.

CHATTERTON : Qu'on me donne une heure de bonheur et je redeviendrai un excellent chrétien. Ce que… ce que vous craignez, les stoïciens l'appelaient *sortie raisonnable*[1].

LE QUAKER : C'est vrai ; et ils disaient même que, les causes qui nous retiennent à la vie n'étant guère fortes, on pouvait bien en sortir pour des causes légères. Mais il faut considérer, ami, que la Fortune change souvent et peut beaucoup, et que si elle peut faire quelque chose pour quelqu'un, c'est pour un vivant.

CHATTERTON : Mais aussi elle ne peut rien contre un mort. Moi, je dis qu'elle fait plus de mal que de bien, et qu'il n'est pas mauvais de la fuir.

LE QUAKER : Tu as bien raison ; mais seulement c'est un peu poltron. — S'aller cacher sous une grosse pierre, dans un grand trou, par frayeur d'elle, c'est de la lâcheté.

CHATTERTON : Connaissez-vous beaucoup de lâches qui se soient tués ?

LE QUAKER : Quand ce ne serait que Néron.

CHATTERTON : Aussi sa lâcheté, je n'y crois pas. Les nations n'aiment pas les lâches, et c'est le seul nom d'empereur populaire en Italie.

LE QUAKER : Cela fait bien l'éloge de la popularité[2]. — Mais du reste, je ne te contredis nullement. Tu fais bien de suivre ton projet, parce que cela va faire la joie de tes rivaux. Il s'en trouvera d'assez impies pour égayer le public par d'agréables bouffonneries sur le récit de ta mort, et ce qu'ils n'auraient jamais pu accomplir, tu le fais pour eux : tu t'effaces. Tu fais bien de leur laisser ta part et cet os vide de la gloire que vous rongez tous. C'est généreux.

CHATTERTON : Vous me donnez plus d'importance que je n'en ai. Qui sait mon nom ?

LE QUAKER, *à part* : Cette corde vibre encore. Voyons ce que j'en tirerai. (*À Chatterton.*) On sait d'autant mieux ton nom que tu l'as voulu cacher.

CHATTERTON : Vraiment ? Je suis bien aise de savoir cela. Eh bien ! on le prononcera plus librement après moi.

LE QUAKER, *à part* : Toutes les routes le ramènent à son idée fixe (*Haut.*) Mais il m'avait semblé ce matin que tu espérais quelque chose d'une lettre ?

CHATTERTON : Oui, j'avais écrit au lord-maire, M. Beckford, qui a connu mon père assez intimement. On m'avait souvent offert sa protection, je l'avais toujours refusée, parce que je n'aime pas être protégé. — Je comptais sur des idées pour vivre. Quelle folie ! — Hier, elles m'ont manqué toutes ; il ne m'en est resté qu'une, celle d'essayer du protecteur.

LE QUAKER : M. Beckford passe pour le plus honnête homme et l'un des plus éclairés de Londres. Tu as bien fait. Pourquoi y as-tu renoncé depuis ?

CHATTERTON : Il m'a suffi depuis de la vue d'un homme.

LE QUAKER : Essaie de la vue d'un sage après celle d'un fou. — Que t'importe ?

CHATTERTON : Eh ! pourquoi ces retards ? Les hommes d'imagination sont éternellement crucifiés, le sarcasme et la misère sont les clous de leur croix[1]. Pourquoi voulez-vous qu'un autre soit enfoncé dans ma chair : le remords de s'être inutilement abaissé ? — Je veux *sortir raisonnablement*. J'y suis forcé.

LE QUAKER *se lève* : Que le Seigneur me pardonne ce que je vais faire. Écoute ! Chatterton, je suis très vieux, je suis chrétien et de la secte la plus pure de la république universelle de Christ. J'ai passé tous mes jours avec mes frères dans la méditation, la charité et la prière. Je vais te dire, au nom de Dieu, une chose vraie, et, en la disant, je vais, pour te sauver, jeter une tache sur mes cheveux blancs.

Chatterton ! Chatterton ! tu peux perdre ton âme, mais tu n'as pas le droit d'en perdre deux. — Or, il y en a une qui s'est attachée à la tienne et que ton infortune vient d'attirer comme les Écossais disent que la paille attire le diamant radieux. Si tu t'en vas, elle s'en ira ; et cela, comme toi, sans être en état de grâce et indigne pour l'éternité de paraître devant Dieu.

Chatterton ! Chatterton ! tu peux douter de l'éternité, mais elle n'en doute pas ; tu seras jugé selon tes malheurs et ton désespoir, et tu peux espérer miséricorde ; mais non pas elle, qui était heureuse et toute chrétienne. Jeune homme, je te demande grâce pour elle, à genoux, parce qu'elle est pour moi sur la terre comme mon enfant.

CHATTERTON : Mon Dieu! mon ami, mon père, que voulez-vous dire?... Serait-ce donc...? Levez-vous... Vous me faites honte... Serait-ce...?

LE QUAKER : Grâce! car si tu meurs, elle mourra...

CHATTERTON : Mais qui donc?

LE QUAKER : Parce qu'elle est faible de corps et d'âme, forte de cœur seulement.

CHATTERTON : Nommez-la! Aurais-je osé .roire!...

LE QUAKER : (*Il se relève.*) Si jamais tu lui dis ce secret, malheureux! tu es un traître, et tu n'auras pas besoin de suicide; ce sera moi qui te tuerai

CHATTERTON : Est-ce donc?...

LE QUAKER : Oui, la femme de mon vieil ami, de ton hôte... la mère des beaux enfants.

CHATTERTON : Kitty Bell!

LE QUAKER : Elle t'aime, jeune homme. Veux-tu te tuer encore?

CHATTERTON, *tombant dans les bras du Quaker* : Hélas! je ne puis donc plus vivre ni mourir?

LE QUAKER, *fortement* : Il faut vivre, te taire et prier Dieu!

SCÈNE III

L'arrière-boutique.

KITTY BELL, LE QUAKER

KITTY *sort seule de sa chambre et regarde dans la salle* : Personne ! — Venez, mes enfants !

Il ne faut jamais se cacher, si ce n'est pour faire le bien.

Allez vite chez lui ! portez-lui… (*Au Quaker.*) Je reviens, mon ami, je reviens vous écouter. (*À ses enfants.*) Portez-lui tous vos fruits. — Ne dites pas que je vous envoie, et montez sans faire de bruit. — Bien ! Bien ! (*Les deux enfants, portant un panier, montent doucement l'escalier et entrent dans la chambre de Chatterton. Quand ils sont en haut :*) Eh bien ! mon ami, vous croyez donc que le bon lord-maire lui fera du bien ? Oh ! mon ami, je consentirai à tout ce que vous voudrez me conseiller !

LE QUAKER : Oui, il sera nécessaire que dans peu de temps il aille habiter une autre maison, peut-être même hors de Londres.

KITTY BELL : Soit à jamais bénie la maison où il sera heureux, puisqu'il ne peut l'être dans la mienne ! Mais qu'il vive, ce sera assez pour moi.

LE QUAKER : Je ne lui parlerai pas à présent de cette résolution ; je l'y préparerai par degrés.

KITTY BELL, *ayant peur que le Quaker n'y consente* : Si vous voulez, je lui en parlerai, moi.

LE QUAKER : Pas encore : ce serait trop tôt.

KITTY BELL : Mais si, comme vous le dites, ce n'est pour lui qu'une habitude à rompre ?

LE QUAKER : Sans doute... il est fort sauvage. — Les auteurs n'aiment que leurs manuscrits... Il ne tient à personne, il n'aime personne... Cependant ce serait trop tôt.

KITTY BELL : Pourquoi donc trop tôt, si vous pensez que sa présence soit si fatale ?

LE QUAKER : Oui, je le pense, je ne me rétracte pas.

KITTY BELL : Cependant, si cela est nécessaire, je suis prête à le lui dire à présent ici.

LE QUAKER : Non, non, ce serait tout perdre.

KITTY BELL, *satisfaite* : Alors, mon ami, convenez-en, s'il reste ici, je ne puis pas le maltraiter, il faut bien que l'on tâche de le rendre moins malheureux. J'ai envoyé mes enfants pour le distraire ; et ils ont voulu absolument lui porter leur goûter, leurs fruits, que sais-je ? Est-ce un grand crime à moi, mon ami ? en est-ce un à mes enfants ?

Le Quaker, s'asseyant, se détourne pour essuyer une larme.

KITTY BELL : On dit donc qu'il a fait de bien beaux livres ? Les avez-vous lus, ses livres ?

LE QUAKER, *avec une insouciance affectée* : Oui, c'est un beau génie.

KITTY BELL : Et si jeune ! est-ce possible ? — Ah ! vous ne voulez pas me répondre, et vous avez tort, car jamais je n'oublie un mot de vous. Ce matin, par exemple, ici même, ne m'avez-vous pas dit que *rendre à un malheureux un cadeau qu'il a fait,*

c'est l'humilier et lui faire mesurer toute sa misère?
— Aussi, je suis bien sûre que vous ne lui avez pas
rendu sa Bible? — N'est-il pas vrai? avouez-le.

LE QUAKER *lui donne sa Bible lentement, en la lui
faisant attendre*: Tiens, mon enfant, comme c'est
moi qui te la donne, tu peux la garder.

KITTY BELL : (*Elle s'assied à ses pieds à la manière
des enfants qui demandent une grâce.*) Oh! mon
ami, mon père, votre bonté a quelquefois un air
méchant, mais c'est toujours la bonté la meilleure.
Vous êtes au-dessus de nous tous par votre prudence; vous pourriez voir à vos pieds tous nos
petits orages que vous méprisez, et cependant,
sans être atteint, vous y prenez part; vous en souffrez par indulgence, et puis vous laissez tomber
quelques mots, et les nuages se dissipent, et nous
vous rendons grâces, et les larmes s'effacent, et
nous sourions, parce que vous l'avez permis.

LE QUAKER *l'embrasse sur le front*: Mon enfant!
ma chère enfant! avec toi, du moins, je suis sûr
de n'en avoir pas de regret. (*On parle.*) — On
vient!… Pourvu que ce ne soit pas un de ses amis.
— Ah! c'est ce Talbot, j'en étais sûr.

On entend le cor de chasse.

SCÈNE IV

LES PRÉCÉDENTS, LORD TALBOT,
JOHN BELL

LORD TALBOT : Oui, oui, je vais les aller joindre
tous, qu'ils se réjouissent! moi, je n'ai plus le

cœur à leur joie. J'ai assez d'eux, laissez-les souper sans moi. Je me suis assez amusé à les voir se ruiner pour essayer de me suivre ; à présent ce jeu-là m'ennuie. — Monsieur Bell, j'ai à vous parler. — Vous ne m'aviez pas dit les chagrins et la pauvreté de mon ami, de Chatterton.

JOHN BELL, *à Kitty Bell* : Mistress Bell, votre absence est nécessaire... pour un instant. (*Kitty Bell se retire lentement dans sa chambre.*) Mais, milord, ses chagrins, je ne les vois pas ; et quant à sa pauvreté, je sais qu'il ne doit rien ici.

LORD TALBOT : Oh Ciel ! comment fait-il ! Oh ! si vous saviez, et vous aussi, bon Quaker, si vous saviez ce que l'on vient de m'apprendre ! D'abord ses beaux poèmes ne lui ont pas donné un morceau de pain. — Ceci est tout simple : ce sont des poèmes, et ils sont beaux : c'est le cours naturel des choses. Ensuite, une espèce d'érudit, un misérable inconnu et méchant, vient de publier (Dieu fasse qu'il l'ignore !) une atroce calomnie. Il a prétendu prouver qu'*Harold* et tous ses poèmes n'étaient pas de lui. Mais moi, j'attesterai le contraire, moi qui l'ai vu les inventer à mes côtés, là, encore enfant ; je l'attesterai, je l'imprimerai, et je signerai Talbot.

LE QUAKER : C'est bien, jeune homme.

LORD TALBOT : Mais ce n'est pas tout. N'avez-vous pas vu rôder chez vous un nommé Skirner[1] ?

JOHN BELL : Oui, oui, je sais ; un riche propriétaire de plusieurs maisons dans la Cité.

LORD TALBOT : C'est cela.

JOHN BELL : Il est venu hier.

LORD TALBOT : Eh bien ! il le cherche pour le faire arrêter ; lui, trois fois millionnaire, pour quelque pauvre loyer qu'il lui doit. Et Chatterton... — Oh ! voilà qui est horrible à penser. — Je voudrais, tant cela fait honte au pays, je voudrais pouvoir le dire si bas que l'air ne put l'entendre. — Approchez tous deux. — Chatterton, pour sortir de chez lui, a promis par écrit et signé... — oh ! je l'ai lu... — il a signé que tel jour (et ce jour approche) il payerait sa dette, et que, s'il mourait dans l'intervalle, il vendait à l'École de chirurgie... on n'ose pas dire cela... son corps pour la payer ; et le millionnaire a reçu l'écrit !

LE QUAKER : Ô misère ! misère sublime !

LORD TALBOT : Il n'y faut pas songer ; je donnerai tout à son insu ; mais sa tranquillité, la comprenez-vous ?

LE QUAKER : Et sa fierté, ne la comprends-tu pas, toi, ami ?

LORD TALBOT : Eh ! monsieur, je le connaissais avant vous, je veux le voir. — Je sais comment il faut lui parler. Il faut le forcer de s'occuper de son avenir... et, d'ailleurs, j'ai quelque chose à réparer.

JOHN BELL : Diable ! diable ! voilà une méchante affaire ; à le voir si bien avec vous, milord, j'ai cru que c'était un vrai gentleman, moi : mais tout cela pourra faire chez moi un esclandre. Tenez, franchement, je désire que ce jeune homme soit averti par vous qu'il ne peut demeurer plus d'un mois ici, milord.

LORD TALBOT, *avec un rire amer* : N'en parlons

plus, monsieur; j'espere, s'il a la bonté d'y venir, que ma maison le dédommagera de la vôtre.

KITTY BELL *revient timidement* : Avant que Sa Seigneurie se retire, j'aurais voulu lui demander quelque chose, avec la permission de monsieur Bell.

JOHN BELL, *se promenant brusquement au fond de la chambre* : Vous n'avez pas besoin de ma permission. Dites ce qu'il vous plaira.

KITTY BELL : Milord connaît-il M. Beckford, le lord-maire de Londres?

LORD TALBOT : Parbleu, madame, je crois même que nous sommes un peu parents; je le vois toutes les fois que je crois qu'il ne m'ennuiera pas, c'est-à-dire une fois par an. — Il me dit toujours que j'ai des dettes, et pour mon usage je le trouve sot; mais en général on l'estime.

KITTY BELL : Monsieur le docteur[1] m'a dit qu'il était plein de sagesse et de bienfaisance.

LORD TALBOT : À vrai dire, et à parler sérieusement, c'est le plus honnête homme des trois royaumes[2]. Si vous désirez de lui quelque chose... j'irai le voir ce soir même.

KITTY BELL : Il y a, je crois, ici quelqu'un qui aura affaire à lui, et...

> *Ici Chatterton descend de sa chambre avec les deux enfants.*

JOHN BELL : Que voulez-vous dire? Êtes-vous folle?

KITTY BELL, *saluant* : Rien que ce qu'il vous plaira.

LORD TALBOT : Mais laissez-la parler, au moins.

LE QUAKER : La seule ressource qui reste à Chatterton, c'est cette protection.

LORD TALBOT : Est-ce pour lui ? J'y cours.

JOHN BELL, *à sa femme* : Comment donc savez-vous si bien ses affaires ?

LE QUAKER : Je les lui ai apprises, moi.

JOHN BELL, *à Kitty* : Si jamais !…

KITTY BELL : Oh ! ne vous emportez pas, monsieur, nous ne sommes pas seuls.

JOHN BELL : Ne parlez plus de ce jeune homme.

> *Ici, Chatterton, qui a remis les deux enfants entre les mains de leur mère, revient vers la cheminée.*

KITTY BELL : Comme vous l'ordonnerez.

JOHN BELL : Milord, voici votre ami, vous saurez de lui-même ses sentiments.

SCÈNE V

CHATTERTON, LORD TALBOT,
LE QUAKER, JOHN BELL,
KITTY BELL

Chatterton a l'air calme et presque heureux. Il jette sur un fauteuil quelques manuscrits.

LORD TALBOT : Tom, je reviens pour vous rendre un service ; me le permettez-vous ?

CHATTERTON, *avec la douceur d'un enfant dans la voix, et ne cessant de regarder Kitty Bell pendant toute la scène* : Je suis résigné, George, à tout ce que l'on voudra, à presque tout.

LORD TALBOT : Vous avez donc une mauvaise affaire avec ce fripon de Skirner ? Il veut vous faire arrêter demain.

CHATTERTON : Je ne le savais pas, mais il a raison.

JOHN BELL, *au Quaker* : Milord est trop bon pour lui, voyez son air de hauteur...

LORD TALBOT : A-t-il raison ?

CHATTERTON : Il a raison selon la loi. C'était hier que je devais le payer, ce devait être avec le prix d'un manuscrit inachevé, j'avais signé cette promesse ; si j'ai eu du chagrin, si l'inspiration ne s'est pas présentée à l'heure dite, cela ne le regarde pas.

Oui, je ne devais pas compter à ce point sur mes forces et dater l'arrivée d'une muse et son départ comme on calcule la course d'un cheval. — J'ai manqué de respect à mon âme immortelle, je l'ai louée à l'heure et vendue. — C'est moi qui ai tort, je mérite ce qu'il en arrivera.

LE QUAKER, *à Kitty* : Je gagerais qu'il leur semble fou ! c'est trop beau pour eux.

LORD TALBOT, *en riant, mais un peu piqué* : Ah ça ! c'est de peur d'être de mon avis que vous le défendez.

JOHN BELL : C'est bien vrai, c'est pour contredire.

CHATTERTON : Non... je pense à présent que tout le monde a raison, excepté les Poètes. La Poésie est une maladie du cerveau. Je ne parle plus de moi, je suis guéri.

LE QUAKER, *à Kitty* : Je n'aime pas qu'il dise cela.

CHATTERTON : Je n'écrirai plus un vers de ma vie, je vous le jure ; quelque chose qui arrive, je n'en écrirai plus un seul.

LE QUAKER, *ne le quittant pas des yeux* : Hum ! il retombe.

LORD TALBOT : Est-il vrai que vous comptiez sur M. Beckford, sur mon vieux cousin ? Je suis surpris que vous n'ayez pas compté sur moi plutôt.

CHATTERTON : Le lord-maire est à mes yeux le gouvernement, et le gouvernement est l'Angleterre, milord : c'est sur l'Angleterre que je compte.

LORD TALBOT : Malgré cela, je lui dirai ce que vous voudrez.

JOHN BELL : Il ne le mérite guère.

LE QUAKER : Bien ! voilà une rivalité de protections. Le vieux lord voudra mieux protéger que le jeune. Nous y gagnerons peut-être.

On entend un roulement sur le pavé.

KITTY BELL : Il me semble que j'entends une voiture.

SCÈNE VI

LES PRÉCÉDENTS, LE LORD-MAIRE

Les jeunes lords descendent avec leurs serviettes à la main et en habit de chasse pour voir le lord-maire. Six

domestiques portant des torches entrent et se rangent en
haie. On annonce le lord-maire.

KITTY BELL : Il vient lui-même, le lord-maire,
pour M. Chatterton ! — Rachel ! mes enfants !
quel bonheur ! embrassez-moi.

> *Elle court à eux et les baise avec trans-*
> *port.*

JOHN BELL : Les femmes ont des accès de folie
inexplicables !

LE QUAKER, *à part* : La mère donne à ses enfants
un baiser d'amante sans le savoir.

M. BECKFORD, *parlant haut et s'établissant pesam-*
ment et pompeusement dans un grand fauteuil :
Ah ! ah ! voici, je crois, tous ceux que je cher-
chais réunis. — Ah ! John Bell, mon féal ami, il
fait bon vivre chez vous, ce me semble ! car j'y vois
de joyeuses figures qui aiment le bruit et le
désordre plus que de raison. — Mais c'est de
leur âge.

JOHN BELL : Milord, Votre Seigneurie est trop
bonne de me faire l'honneur de venir dans ma
maison une seconde fois.

M. BECKFORD : Oui, pardieu, Bell, mon ami ;
c'est la seconde fois que j'y viens... Ah ! les jolis
enfants que voilà !... Oui, c'est la seconde fois, car
la première ce fut pour vous complimenter sur le
bel établissement de vos manufactures, et aujour-
d'hui je trouve cette maison nouvelle plus belle
que jamais ; c'est votre petite femme qui l'admi-
nistre, c'est très bien. — Mon cousin Talbot, vous

ne dites rien! Je vous ai dérangé, George, vous étiez en fête avec vos amis, n'est-ce pas? Talbot, mon cousin, vous ne serez jamais qu'un libertin, mais c'est de votre âge.

LORD TALBOT : Ne vous occupez pas de moi, mon cher lord.

LORD LAUDERDALE : C'est ce que nous lui disons tous les jours, milord.

M. BECKFORD : Et vous aussi, Lauderdale, et vous, Kingston? toujours avec lui? toujours des nuits passées à chanter, à jouer et à boire? Vous ferez tous une mauvaise fin; mais je ne vous en veux pas, chacun a le droit de dépenser sa fortune comme il l'entend. — John Bell, n'avez-vous pas chez vous un jeune homme nommé Chatterton, pour qui j'ai voulu venir moi-même?

CHATTERTON : C'est moi, milord, qui vous ai écrit.

M. BECKFORD : Ah! c'est vous, mon cher! Venez donc ici un peu, que je vous voie en face. J'ai connu votre père, un digne homme s'il en fut; un pauvre soldat, mais qui avait bravement fait son chemin. Ah! c'est vous qui êtes Thomas Chatterton? Vous vous êtes amusé à faire des vers, mon petit ami, c'est bon pour une fois, mais il ne faut pas continuer. Il n'y a personne qui n'ait eu cette fantaisie. Hé! hé! j'ai fait comme vous dans mon printemps, et jamais Littleton, Swift et Wilkes[1] n'ont écrit pour les belles dames des vers plus galants et plus badins que les miens.

CHATTERTON : Je n'en doute pas, milord.

M. BECKFORD : Mais je ne donnais aux Muses

que le temps perdu. Je savais bien ce qu'en dit Ben Jonson[1] : que la plus belle muse du monde ne peut suffire à nourrir son homme, et qu'il faut avoir ces demoiselles-là pour maîtresses, mais jamais pour femmes.

Lauderdale, Kingston et les lords rient.

LAUDERDALE : Bravo, milord ! c'est bien vrai !

LE QUAKER, *à part* : Il veut le tuer à petit feu.

CHATTERTON : Rien de plus vrai, je le vois aujourd'hui, milord.

M. BECKFORD : Votre histoire est celle de mille jeunes gens ; vous n'avez rien pu faire que vos maudits vers, et à quoi sont-ils bons, je vous prie ? Je vous parle en père, moi, à quoi sont-ils bons ? — Un bon Anglais doit être utile au pays. — Voyons un peu, quelle idée vous faites-vous de nos devoirs à tous, tant que nous sommes ?

CHATTERTON, *à part* : Pour elle ! pour elle ! je boirai le calice jusqu'à la lie. — Je crois les comprendre, milord ; — l'Angleterre est un vaisseau. Notre île en a la forme : la proue tournée au nord, elle est comme à l'ancre au milieu des mers, surveillant le continent. Sans cesse elle tire de ses flancs d'autres vaisseaux faits à son image, et qui vont la représenter sur toutes les côtes du monde. Mais c'est à bord du grand navire qu'est notre ouvrage à tous. Le roi, les lords, les communes sont au pavillon, au gouvernail et à la boussole ; nous autres, nous devons tous avoir les mains aux cordages, monter aux mâts, tendre les voiles et charger les canons : nous sommes tous de l'équipage, et nul n'est inutile dans la manœuvre de notre glorieux navire.

M. BECKFORD : Pas mal ! pas mal ! quoiqu'il fasse encore de la Poésie ; mais en admettant votre idée, vous voyez que j'ai encore raison. Que diable peut faire le Poète dans la manœuvre ?

Un moment d'attente.

CHATTERTON : Il lit dans les astres la route que nous montre le doigt du Seigneur.

LORD TALBOT : Qu'en dites-vous, milord ? lui donnez-vous tort ? Le pilote n'est pas inutile.

M. BECKFORD : Imagination ! mon cher ! ou folie, c'est la même chose ; vous n'êtes bon à rien, et vous vous êtes rendu tel par ces billevesées. — J'ai des renseignements sur vous... à vous parler franchement... et...

LORD TALBOT : Milord, c'est un de mes amis, et vous m'obligerez en le traitant bien...

M. BECKFORD : Oh ! vous vous y intéressez, George ? Eh bien, vous serez content ; j'ai fait quelque chose pour votre protégé, malgré les recherches de Bale[1]... Chatterton ne sait pas qu'on a découvert ses petites ruses de manuscrit ; mais elles sont bien innocentes, et je les lui pardonne de bon cœur. Le *Magisterial*[2] est un bien bon écrit ; je vous l'apporte pour vous convertir, avec une lettre où vous trouverez mes propositions : il s'agit de cent livres sterling par an. Ne faites pas le dédaigneux, mon enfant ; que diable ! votre père n'était pas sorti de la côte d'Adam, il n'était pas frère du roi, votre père ; et vous n'êtes

bon à rien qu'à ce qu'on vous propose, en vérité.
C'est un commencement; vous ne me quitterez
pas, et je vous surveillerai de près.

> *Kitty Bell supplie Chatterton, par un*
> *regard, de ne pas refuser. Elle a deviné son*
> *hésitation.*

CHATTERTON (*il hésite un moment, puis après avoir*
regardé Kitty) : Je consens à tout, milord.

LORD LAUDERDALE : Que milord est bon !

JOHN BELL : Voulez-vous accepter le premier
toast, milord ?

KITTY BELL, *à sa fille* : Allez lui baiser la main.

LE QUAKER, *serrant la main à Chatterton* : Bien,
mon ami, tu as été courageux.

LORD TALBOT : J'étais sûr de mon gros cousin,
Tom. — Allons, j'ai fait tant qu'il est à bon port.

M. BECKFORD : John Bell, mon honorable Bell,
conduisez-moi au souper de ces jeunes fous,
que je les voie se mettre à table. — Cela me rajeu-
nira.

LORD TALBOT : Parbleu ! tout ira, jusqu'au Quaker. — Ma foi, milord, que ce soit par vous ou par
moi, voilà Chatterton tranquille; allons, — n'y
pensons plus.

JOHN BELL : Nous allons tous conduire milord.
(*À Kitty Bell.*) Vous allez revenir faire les hon-
neurs, je le veux.

> *Elle va vers sa chambre.*

CHATTERTON, *au Quaker* : N'ai-je pas fait tout
ce que vous vouliez ? (*Tout haut à lord Beckford.*)

Milord, je suis a vous tout à l'heure, j'ai quelques papiers à brûler.

M. BECKFORD : Bien, bien, il se corrige de la poésie c'est bien.

Ils sortent.

JOHN BELL *revient à sa femme brusquement* : Mais rentrez donc chez vous, et souvenez-vous que je vous attends.

Kitty Bell s'arrête sur la porte un moment et regarde Chatterton avec inquiétude.

KITTY BELL, *à part* : Pourquoi veut-il rester seul, mon Dieu !

Elle sort avec ses enfants et porte le plus jeune dans ses bras.

SCÈNE VII

CHATTERTON, *seul, se promenant*

CHATTERTON : Allez, mes bons amis. — Il est bien étonnant que ma destinée change ainsi tout à coup. J'ai peine à m'y fier ; pourtant le apparences y sont. — Je tiens là ma fortune. — Qu'a voulu dire cet homme en parlant de mes ruses ? Ah ! toujours ce qu'ils disent tous. Ils ont deviné ce que je leur avouais moi-même, que je suis l'auteur de mon livre. Finesse grossière ! je les reconnais là ! Que sera cette place ? quelque emploi de commis ? Tant mieux, cela est honorable ! Je pourrai vivre

sans écrire les choses communes qui font vivre.
— Le Quaker rentrera dans la paix de son âme
que j'ai troublée, et elle! Kitty Bell, je ne la tuerai
pas, s'il est vrai que je l'eusse tuée. — Dois-je le
croire? J'en doute: ce que l'on renferme toujours
ainsi est peu violent; et pour être si aimante, son
âme est bien maternelle. N'importe, cela vaut
mieux, et je ne la verrai plus. C'est convenu...
autant eût valu me tuer. Un corps est aisé à cacher.
— On ne lui eût pas dit. Le Quaker y eût veillé, il
pense à tout. Et à présent, pourquoi vivre? pour
qui?... — Pour qu'elle vive, c'est assez... Allons...
arrêtez-vous, idées noires, ne revenez pas... Lisons
ceci... (*Il lit le journal.*) «Chatterton n'est pas l'auteur de ses œuvres... Voilà qui est bien prouvé.
— Ces poèmes admirables sont réellement d'un
moine nommé Rowley, qui les avait traduits
d'un autre moine du dixième siècle, nommé Turgot[1]... Cette imposture, pardonnable à un écolier,
serait criminelle plus tard... Signé... *Bale...*»
Bale? Qu'est-ce que cela? que lui ai-je fait? — De
quel égout sort ce serpent.

Quoi! mon nom étouffé! ma gloire éteinte!
mon honneur perdu! — Voilà le juge!... Et le
bienfaiteur! voyons, qu'offre-t-il? (*Il décachète la
lettre, lit... et s'écrie avec indignation.*) Une place de
premier valet de chambre dans sa maison!...

Ah! pays damné! terre du dédain! sois mau-
dite à jamais! (*Prenant la fiole d'opium.*) Ô mon
âme, je t'avais vendue! je te rachète avec ceci. (*Il
boit l'opium.*) Skirner sera payé! — Libre de tous!
égal à tous, à présent! — Salut, première heure

de repos que j'aie goûtée! — Dernière heure de ma vie, aurore du jour éternel, salut! — Adieu, humiliation, haines, sarcasmes, travaux dégradants, incertitudes, angoisses, misères, tortures du cœur, adieu! Oh! quel bonheur, je vous dis adieu! — Si l'on savait! si l'on savait ce bonheur que j'ai…, on n'hésiterait pas si longtemps! (*Ici, après un instant de recueillement durant lequel son visage prend une expression de béatitude, il joint les mains et poursuit.*) Ô Mort, Ange de délivrance, que ta paix est douce! J'avais bien raison de t'adorer, mais je n'avais pas la force de te conquérir. — Je sais que tes pas seront lents et sûrs. Regarde-moi, Ange sévère, leur ôter à tous la trace de mes pas sur la terre. (*Il jette au feu tous ses papiers.*) Allez, nobles pensées écrites pour tous ces ingrats dédaigneux, purifiez-vous dans la flamme et remontez au ciel avec moi!

> *Il lève les yeux au ciel et déchire len-*
> *tement ses poèmes, dans l'attitude grave et*
> *exaltée d'un homme qui fait un sacrifice*
> *solennel.*

SCÈNE VIII

CHATTERTON, KITTY BELL.

Kitty Bell sort lentement de sa chambre, s'arrête, observe Chatterton, et va se placer entre la cheminée et lui. — Il cesse tout à coup de déchirer ses papiers.

KITTY BELL, *à part* : Que fait-il donc ? Je n'oserai jamais lui parler ! Que brûle-t-il ? Cette flamme me fait peur, et son visage éclairé par elle est lugubre. (*À Chatterton.*) N'allez-vous pas rejoindre milord ?

CHATTERTON *laisse tomber ses papiers; tout son corps frémit* : Déjà ! — Ah ! c'est vous ! — Ah ! madame ! à genoux ! par pitié ! oubliez-moi.

KITTY BELL : Eh ! mon Dieu ! pourquoi cela ? qu'avez-vous fait ?

CHATTERTON : Je vais partir. — Adieu ! — Tenez, madame, il ne faut pas que les femmes soient dupes de nous plus longtemps. Les passions des poètes n'existent qu'à peine. On ne doit pas aimer ces gens-là ; franchement, ils n'aiment rien ; ce sont tous des égoïstes. Le cerveau se nourrit aux dépens du cœur. Ne les lisez jamais et ne les voyez pas ; moi, j'ai été plus mauvais qu'eux tous.

KITTY BELL : Mon Dieu ! pourquoi dites-vous : « J'ai été ? »

CHATTERTON : Parce que je ne veux plus être poète ; vous le voyez, j'ai déchiré tout. — Ce que je serai ne vaudra guère mieux, mais nous verrons. Adieu ! — Écoutez-moi !... Vous avez une famille charmante ; aimez-vous vos enfants ?

KITTY BELL : Plus que ma vie, assurément.

CHATTERTON : Aimez donc votre vie pour ceux à qui vous l'avez donnée.

KITTY BELL : Hélas ! ce n'est que pour eux que je l'aime.

CHATTERTON : Eh ! quoi de plus beau dans le

monde, ô Kitty Bell ! Avec ces anges sur vos genoux, vous ressemblez à la divine Charité.

KITTY BELL : Ils me quitteront un jour.

CHATTERTON : Rien ne vaut cela pour vous ! — C'est là le vrai dans la vie ! Voilà un amour sans trouble et sans peur. En eux est le sang de votre sang, l'âme de votre âme : aimez-les, madame, uniquement et par-dessus tout. Promettez-le-moi !

KITTY BELL : Mon Dieu ! vos yeux sont pleins de larmes, et vous souriez.

CHATTERTON : Puissent vos beaux yeux ne jamais pleurer et vos lèvres sourire sans cesse ! Ô Kitty ! ne laissez entrer en vous aucun chagrin étranger à votre paisible famille.

KITTY BELL : Hélas ! cela dépend-il de nous ?

CHATTERTON : Oui ! oui !... Il y a des idées avec lesquelles on peut fermer son cœur. — Demandez-en au Quaker, il vous en donnera. — Je n'ai pas le temps, moi ; laissez-moi sortir.

Il marche vers sa chambre.

KITTY BELL : Mon Dieu ! comme vous souffrez !

CHATTERTON : Au contraire. — Je suis guéri. — Seulement j'ai la tête brûlante. Ah ! bonté ! bonté ! tu me fais plus de mal que leurs noirceurs.

KITTY BELL : De quelle bonté parlez-vous ? Est-ce de la vôtre ?

CHATTERTON : Les femmes sont dupes de leurs bonté. C'est par bonté que vous êtes venue. On vous attend là-haut ! J'en suis certain. Que faites-vous ici ?

KITTY BELL, *émue profondément et l'air hagard* :

À présent, quand toute la terre m'attendrait, j'y resterais.

CHATTERTON : Tout à l'heure je vous suivrai. — Adieu ! adieu !

KITTY BELL, *l'arrêtant* : Vous ne viendrez pas ?

CHATTERTON : J'irai. — J'irai.

KITTY BELL : Oh ! vous ne voulez pas venir.

CHATTERTON : Madame ! cette maison est à vous, mais cette heure m'appartient.

KITTY BELL : Qu'en voulez-vous faire ?

CHATTERTON : Laissez-moi, Kitty. Les hommes ont des moments où ils ne peuvent plus se courber à votre taille et s'adoucir la voix pour vous. Kitty Bell, laissez-moi.

KITTY BELL : Jamais je ne serai heureuse si je vous laisse ainsi, monsieur.

CHATTERTON : Venez-vous pour ma punition ? Quel mauvais génie vous envoie ?

KITTY BELL : Une épouvante inexplicable.

CHATTERTON : Vous serez plus épouvantée si vous restez.

KITTY BELL : Avez-vous de mauvais desseins, grand Dieu ?

CHATTERTON : Ne vous en ai-je pas dit assez ? Comment êtes-vous là ?

KITTY BELL : Eh ! comment n'y serais-je plus ?

CHATTERTON : Parce que je vous aime, Kitty.

KITTY BELL : Ah ! monsieur, si vous me le dites, c'est que vous voulez mourir.

CHATTERTON : J'en ai le droit, de mourir. — Je le jure devant vous, et je le soutiendrai devant Dieu !

KITTY BELL : Et moi, je vous jure que c'est un crime ; ne le commettez pas.

CHATTERTON : Il le faut, Kitty, je suis condamné.

KITTY BELL : Attendez seulement un jour pour penser à votre âme.

CHATTERTON : Il n'y a rien que je n'aie pensé, Kitty.

KITTY BELL : Une heure seulement pour prier.

CHATTERTON : Je ne peux plus prier.

KITTY BELL : Et moi ! Je vous prie pour moi-même. Cela me tuera.

CHATTERTON : Je vous ai avertie ! il n'est plus temps.

KITTY BELL : Et si je vous aime, moi !

CHATTERTON : Je l'ai vu, et c'est pour cela que j'ai bien fait de mourir ; c'est pour cela que Dieu peut me pardonner.

KITTY BELL : Qu'avez-vous donc fait ?

CHATTERTON : Il n'est plus temps, Kitty ; c'est un mort qui vous parle.

KITTY BELL, *à genoux, les mains au ciel* : Puissances du ciel ! grâce pour lui.

CHATTERTON : Allez-vous-en… Adieu !

KITTY BELL, *tombant* : Je ne le puis plus…

CHATTERTON : Eh bien donc ! prie pour moi sur la terre et dans le ciel.

> *Il la baise au front et remonte l'escalier en chancelant ; il ouvre sa porte et tombe dans sa chambre.*

KITTY BELL : Ah ! — Grand Dieu ! (*Elle trouve la*

fiole.) Qu'est-ce que cela? — Mon Dieu! pardonnez-lui.

SCÈNE IX

KITTY BELL, LE QUAKER

LE QUAKER, *accourant* : Vous êtes perdue… Que
faites-vous ici?

KITTY BELL, *renversée sur les marches de l'escalier* :
Montez vite! montez, monsieur, il va mourir; sauvez-le… s'il est temps.

> *Tandis que le Quaker s'achemine vers
> l'escalier, Kitty Bell cherche à voir, à travers
> les portes vitrées, s'il n'y a personne qui
> puisse donner du secours; puis, ne voyant
> rien, elle suit le Quaker avec terreur, en écou-
> tant le bruit de la chambre de Chatterton.*

LE QUAKER, *en montant à grands pas, à Kitty Bell* :
Reste, reste, mon enfant, ne me suis pas.

> *Il entre chez Chatterton et s'enferme avec
> lui. On devine des soupirs de Chatterton
> et des paroles d'encouragement du Quaker.
> Kitty Bell monte à demi évanouie, en s'ac-
> crochant à la rampe de chaque marche;
> elle fait effort pour tirer à elle la porte, qui
> résiste et s'ouvre enfin. On voit Chatterton
> mourant et tombé sur le bras du Quaker.
> Elle crie, glisse à demi morte sur la rampe de
> l'escalier, et tombe sur la dernière marche.*

> *On entend John Bell appeler de la salle voisine.*

JOHN BELL : Mistress Bell !

> *Kitty se lève tout à coup comme par ressort.*

JOHN BELL, *une seconde fois* : Mistress Bell !

> *Elle se met en marche et vient s'asseoir lisant sa Bible et balbutiant tout bas des paroles qu'on n'entend pas. Ses enfants accourent et s'attachent à sa robe.*

LE QUAKER, *du haut de l'escalier* : L'a-t-elle vu mourir ? l'a-t-elle vu ? (*Il va près d'elle.*) Ma fille ! ma fille !

JOHN BELL, *entrant violemment et montant deux marches de l'escalier* : Que fait-elle ici ? Où est ce jeune homme ? Ma volonté est qu'on l'emmène !

LE QUAKER : Dites qu'on l'emporte, il est mort.

JOHN BELL : Mort !

LE QUAKER : Oui, mort à dix-huit ans ! Vous l'avez tous si bien reçu, étonnez-vous qu'il soit parti !

JOHN BELL : Mais...

LE QUAKER : Arrêtez, monsieur, c'est assez d'effroi pour une femme. (*Il la regarde et la voit mourante.*) Monsieur, emmenez ses enfants ! Vite, qu'ils ne la voient pas.

> *Il arrache les enfants des pieds de Kitty, les passe à John Bell, et prend leur mère dans ses bras. John Bell les prend à part et*

reste stupéfait. Kitty Bell meurt dans les bras du Quaker.

JOHN BELL, *avec épouvante* : Eh bien! eh bien! Kitty! Kitty! qu'avez-vous?

> *Il s'arrête en voyant le Quaker s'agenouiller.*

LE QUAKER, *à genoux* : Oh! dans ton sein! dans ton sein, Seigneur, reçois ces deux martyrs!

> *Le Quaker reste à genoux, les yeux tournés vers le ciel jusqu'à ce que le rideau soit baissé.*

SUR LES REPRÉSENTATIONS
DU DRAME
JOUÉ LE 12 FÉVRIER 1835
À LA COMÉDIE-FRANÇAISE

Ce n'est pas à moi qu'il appartient de parler du succès de ce drame ; il a été au-delà des espérances les plus exagérées de ceux qui voulaient bien le souhaiter. Malgré la conscience qu'on ne peut s'empêcher d'avoir de ce qu'il y a de passager dans l'éclat du théâtre, il y a aussi quelque chose de grand, de grave et presque religieux dans cette alliance contractée avec l'assemblée dont on est entendu, et c'est une solennelle récompense des fatigues de l'esprit. — Aussi serait-il injuste de ne pas nommer les interprètes à qui l'on a confié ses idées dans un livre qui sera plus durable que les représentations du drame qu'il renferme. Pour moi, j'ai toujours pensé que l'on ne saurait rendre trop hautement justice aux acteurs, eux dont l'art difficile s'unit à celui du poète dramatique, et complète son œuvre. — Ils parlent, ils combattent pour lui et offrent leur poitrine aux coups qu'il va recevoir, peut-être ; ils vont à la conquête de la gloire solide qu'il conserve, et n'ont pour eux que celle d'un moment. Séparés du monde qui leur est bien sévère, leurs travaux sont perpétuels, et leur triomphe va peu au-delà de leur existence. Comment ne pas constater le souvenir des efforts qu'ils font tous, et ne pas écrire ce que signerait chacun de ces spectateurs qui les applaudissent avec ivresse ?

Jamais aucune pièce de théâtre ne fut mieux jouée, je crois, que ne l'a été celle-ci, et le mérite en est grand ; car, derrière le drame écrit, il y a comme un second drame que l'écriture n'atteint pas, et que n'expriment pas les paroles. Ce drame repose dans le mystérieux amour de Chatterton et de Kitty Bell ; cet amour qui se devine toujours et ne se dit jamais ; cet amour de deux êtres si purs qu'ils n'oseront jamais se parler, ni rester seuls qu'au moment de la mort ; amour qui n'a pour expression que de timides regards, pour message qu'une Bible, pour messagers que deux enfants, pour caresses que la trace des lèvres et des larmes que ces fronts innocents portent de la jeune mère au jeune poète ; amour que le Quaker repousse toujours d'une main tremblante et gronde d'une voix attendrie. Ces rigueurs paternelles, ces tendresses voilées ont été exprimées et nuancées avec une perfection rare et un goût exquis. Assez d'autres se chargeront de juger et de critiquer les acteurs ; moi, je me plais à dire ce qu'ils avaient à vaincre, et en quoi ils ont réussi.

L'onction et la sérénité d'une vie sainte et courageuse, la douce gravité du Quaker, la profondeur de sa prudence, la chaleur passionnée de ses sympathies et de ses prières, tout ce qu'il y a de

sacré et de puissant dans son intervention paternelle, a été parfaitement exprimé par le talent
savant et expérimenté de M. Joanny. Ses cheveux
blancs, son aspect vénérable et bon, ajoutaient à
son habileté consommée la naïveté d'une réalisa-
tion complète.

Un homme très jeune encore, M. Geffroy, a
accepté et hardiment abordé les difficultés sans
nombre d'un rôle qui, à lui seul, est la pièce
entière. Il a dignement porté ce fardeau, regardé
comme pesant par les plus savants acteurs. Avec
une haute intelligence il a fait comprendre la
fierté de Chatterton dans sa lutte perpétuelle,
opposée à la candeur juvénile de son caractère ; la
profondeur de ses douleurs et de ses travaux, en
contraste avec la douceur paisible de ses pen-
chants ; son accablement, chaque fois que le rocher
qu'il roule retombe sur lui pour l'écraser ; sa dernière indignation et sa résolution subite de mourir, et par-dessus tous ces traits, exprimés avec un
talent souple, fort et plein d'avenir, l'élévation de
sa joie lorsqu'enfin il a délivré son âme et la sent
libre de retourner dans sa véritable patrie.

Entre ces deux personnages s'est montrée,
dans toute la pureté idéale de sa forme, Kitty Bell,
l'une des rêveries de Stello. On savait quelle tragédienne on allait revoir dans madame Dorval ;
mais avait-on prévu cette grâce poétique avec
laquelle elle a dessiné la femme nouvelle qu'elle a
voulu devenir ? Je ne le crois pas. Sans cesse elle
fait naître le souvenir des Vierges maternelles de
Raphaël et des plus beaux tableaux de la Charité ;

— sans effort elle est posée comme elles ; comme elles aussi elle porte, elle emmène, elle assied ses enfants, qui ne semblent jamais pouvoir être séparés de leur gracieuse mère ; offrant ainsi aux peintres des groupes dignes de leur étude, et qui ne semblent pas étudiés. Ici sa voix est tendre jusque dans la douleur et le désespoir ; sa parole lente et mélancolique est celle de l'abandon et de la pitié ; ses gestes, ceux de la dévotion bienfaisante ; ses regards ne cessent de demander grâce au Ciel pour l'infortune ; ses mains sont toujours prêtes à se croiser pour la prière ; on sent que les élans de son cœur, contenus par le devoir, lui vont être mortels aussitôt que l'amour et la terreur l'auront vaincue. Rien n'est innocent et doux comme ses ruses et ses coquetteries naïves pour obtenir que le Quaker lui parle de Chatterton. Elle est bonne et modeste jusqu'à ce qu'elle soit surprenante d'énergie, de tragique grandeur et d'inspirations imprévues, quand l'effroi fait enfin sortir au-dehors tout le cœur d'une femme et d'une amante. Elle est poétique dans tous les détails de ce rôle qu'elle caresse avec amour, et dans son ensemble qu'elle paraît avoir composé avec prédilection, montrant enfin sur la scène française le talent le plus accompli dont le théâtre se puisse enorgueillir.

Ainsi ont été représentés les trois grands caractères sur lesquels repose le drame. Trois autres personnages, dont les premiers sont les victimes, ont été rendus avec une rare vérité. John Bell est bien l'égoïste, le calculateur bourru ; bas avec les grands, insolent avec les petits. Le lord-maire est bien le protecteur empesé, sot, confiant en lui-même, et ces deux rôles sont largement joués. Lord Talbot, bruyant, insupportable et obligeant sans bonté, a été représenté avec élégance, ainsi que ses amis importuns.

J'avais désiré et j'ai obtenu que cet ensemble offrît l'aspect sévère et simple d'un tableau fla-mand, et j'ai pu ainsi faire sortir quelques vérités morales du sein d'une famille grave et honnête ; agiter une question sociale, et en faire découler les idées de ces lèvres qui doivent les trouver sans effort, les faisant naître du sentiment profond de leur position dans la vie.

Cette porte est ouverte à présent, et le peuple le plus impatient a écouté les plus longs dévelop-pements philosophiques et lyriques.

Essayons à l'avenir de tirer la scène du dédain où sa futilité l'ensevelirait infailliblement en peu de temps. Les hommes sérieux et les familles hono-rables qui s'en éloignent pourront revenir à cette tribune et à cette chaire, si l'on y trouve des pen-sées et des sentiments dignes de graves réflexions.

DOSSIER

CHRONOLOGIE

(1797-1863)

1797. Le 22 mars. — Naissance à Loches (Indre-et-Loire) d'Alfred-Victor de Vigny. Ses parents appartiennent tous deux à une ancienne noblesse. Ils ont été ruinés par la Révolution. Vigny embellira par son imagination la carrière militaire somme toute modeste de son père, Léon-Pierre de Vigny.

1799. Les parents de Vigny s'installent à Paris. Sa mère s'occupera seule de son éducation jusqu'à l'âge de dix ans.

1807-1813. Il suit des études à l'institution Hix puis au lycée Bonaparte (actuel lycée Condorcet), et songe à préparer l'École Polytechnique.

1814. Il obtient un brevet de lieutenant lors de la première Restauration.

1815. Il est consigné à Amiens pendant les Cent-Jours. Quand la monarchie est à nouveau rétablie, il tente sans succès d'entrer dans un régiment d'infanterie de la Garde royale.

1816. En mars, il est enfin nommé sous-lieutenant au 5e régiment d'infanterie de la Garde royale. Son père meurt. Il écrit des poèmes, ainsi que deux tragédies qu'il détruira en 1832.

1817-1819. Il mène, à Paris ou dans la région parisienne, une médiocre vie de garnison.

1820. Il publie dans *Le Conservateur littéraire* une étude sur Byron et un poème, « Le Bal ».

1822. Il est promu lieutenant dans la Garde royale (équivalent de capitaine dans l'armée). Mise en vente des *Poèmes*. Il compose « Moïse ».

1823. Il compose la plus grande partie d'« Éloa » et travaille à une tragédie, *Roland*, qu'il n'achèvera pas. Publie « Dolorida » dans *La Muse française*.

1824. Il collabore à *La Muse française*. Fréquente le salon de Nodier, à la Bibliothèque de l'Arsenal. Publication d'« Éloa ». Il compose « Le Cor ».

1825. Il épouse Lydia Bunbury, fille d'un riche colon anglais.

1826. *Poèmes antiques et modernes. Cinq-Mars*, qui obtient un grand succès.

1827. Il est mis à la réforme de l'armée pour raison de santé. Il collabore avec Émile Deschamps pour la traduction de *Roméo et Juliette*, de Shakespeare. Il écrit *Réflexions sur la vérité dans l'art*, qui sera placé en tête de *Cinq-Mars* à partir de la quatrième édition du roman.

1828. Il traduit *Othello*.

1829. Représentation au Théâtre-Français du *More de Venise (Othello)*. Vigny traduit, ou plutôt adapte, *Le Marchand de Venise*.

1830. Sous-lieutenant, puis capitaine, puis chef de bataillon dans la Garde nationale. Il lit *La Maréchale d'Ancre* devant un auditoire où se trouve Marie Dorval, à laquelle il destinera – en vain – le rôle principal.

1831. Marie Dorval joue au Théâtre de la Porte-Saint-Martin dans *Antony*, d'Alexandre Dumas, puis dans *Marion de Lorme*, de Victor Hugo. Vigny doit se résigner à faire jouer *La Maréchale d'Ancre* à l'Odéon, avec Mlle George dans le rôle principal. Publication dans la *Revue des Deux Mondes* d'une grande partie de ce qui deviendra *Stello*.

1832. La même revue publie «Les Amants de Montmorency». *Stello* paraît en volume.

1833. Publication dans la *Revue des Deux Mondes* de «Laurette ou le Cachet rouge», qui sera le premier épisode de *Servitude et grandeur militaires*. Le 30 mai, Marie Dorval interprète à l'Opéra le rôle principal de *Quitte pour la peur* qui paraît, le 1er juin, dans la *Revue Des Deux Mondes*.

1834. Publication dans la *Revue des Deux Mondes* de «La Veillée de Vincennes», deuxième épisode de *Servitude et grandeur militaires*. En juin, Vigny achève *Chatterton*. Dans la nuit du 29 au 30 juin, il écrit «Dernière nuit de travail». En juillet, la pièce est refusée par le comité de lecture du Théâtre-Français. Elle est reçue le 5 août après intervention du roi Louis-Philippe. Vigny engage alors une bataille pour que le rôle de Kitty Bell n'échappe pas à Marie Dorval.

1835. Le 12 février, *Chatterton* est créé au Théâtre-Français et reçoit un accueil enthousiaste. Le texte de la pièce est publié en avril chez l'éditeur Hippolyte Souverain. À partir du 28 avril, *Chatterton* est concurrencé au Théâtre-Français par *Angelo*, de Victor Hugo. La *Revue des Deux Mondes* publie «La Vie et la mort du capitaine Renaud, ou la Canne de jonc», troisième des récits de *Servitude et grandeur militaires*.

1836. En janvier, reprise de *Chatterton* au Théâtre-Français

1837 Vigny travaille à *Daphné*, qui devrait compléter *Stello* et demeurera inachevé. Publication de ses *Œuvres complètes*. Mort de sa mère.

1838. Début d'une liaison de Marie Dorval avec Jules Sandeau, et de Vigny avec une jeune américaine, Julia Dupré. Vigny et Marie rompent définitivement en août. Il commence «Dalila», qui deviendra «La Colère de Samson», et achève «La Mort du loup».

1839.   Achève « Le Mont des Oliviers ».

1840.   En mars, reprise de *Chatterton*, puis en juin de *La Maréchale d'Ancre*, au Théâtre-Français.

1842.   Vigny se présente deux fois (février et mai) sans succès à l'Académie française. Compose « La Sauvage » et commence « La Maison du berger ».

1844.   Il essuie de nouveaux échecs à l'Académie. Publication dans la *Revue des Deux Mondes* de « La Maison du berger ». Rencontre d'Alexandra Kossakowska, qu'il immortalisera dans « Wanda » (1847).

1845.   Le 8 mai, Vigny est élu à l'Académie française. Le 13, représentation de *Chatterton* au Théâtre-Italien, avec Marie Dorval, pour une soirée à bénéfice.

1846.   Le 29 janvier, reçu à l'Académie, Vigny y fait l'éloge du poète-penseur. La réponse du comte Molé, qui contient des attaques en règle contre l'œuvre de Vigny, est ressentie comme un affront.

1847.   Il conçoit le plan des *Destinées*. Il travaille à « La Bouteille à la mer », ébauche des « Mémoires ».

1848.   En février, il accueille sans regret la chute de la monarchie de Juillet.

1849.   Reprise au Gymnase de *Quitte pour la peur*. Il achève le poème « Les Destinées ». Le 20 mai, mort de Marie Dorval.

1853.   Il achève « La Bouteille à la mer », publiée l'année suivante dans la *Revue des Deux Mondes*.

1854.   Il est reçu par l'Empereur. Début d'une liaison avec Louise Colet.

1857.   En décembre, reprise au Théâtre-Français de *Chatterton*, dont quelques passages ont été modifiés ou supprimés par la censure impériale.

1858.   Après s'être intéressé l'année précédente à la tradition talmudique, Vigny semble séduit à présent par le bouddhisme. Liaison avec la toute jeune Augusta Froustey.

1861.   Il modifie le plan des *Destinées*.

1862.   Le 22 décembre, mort de Lydia, son épouse,

après de longues années de maladie et de souffrances.

1863.　Il achève « L'Esprit pur » auquel il travaille depuis
vingt ans. Dresse le plan définitif des *Destinées*. Il
meurt le 17 septembre.

1864.　Publication des *Destinées*.

CHATTERTON À LA SCÈNE

Sur le succès obtenu par son drame lors de sa création à la Comédie-Française, Vigny a laissé un témoignage[1] qu'on devine inspiré par son désir de rendre hommage à Marie Dorval, mais qui vaut aussi pour les autres acteurs (y compris Geffroy, interprète du rôle de Chatterton, qui lui avait donné l'impression, au cours des répétitions, de man quer d'enthousiasme et d'amour[2]). On se doute qu'il fut attentif aux répétitions, où sa maîtresse devait affronter l'hostilité ou le scepticisme de ses partenaires. Un exemplaire de la deuxième édition de la pièce (Souverain, 1835), conservé à la Bibliothèque Historique de la Ville de Paris, porte la trace des conseils qu'il lui prodigua. Il dut veiller aussi au décor : à un Rouennais qui se préparera à monter la pièce aussitôt après les premières représentations parisiennes, il écrira le 4 mars 1835 : « Que l'ensemble de la pièce présente, comme je l'ai fait faire aux Français, une sorte de tableau flamand. Que la chambre de Chatterton soit pauvre sans délabrement, les costumes austères et élégants à la fois ; sévères dans l'intérieur de la famille, brillants pour les jeunes Lords et le Lord-Maire. »

1. Nous le reproduisons, p. 134-138. Les informations contenues dans cette partie du Dossier doivent beaucoup à l'ouvrage de Fernande Bassan cité en Bibliographie.
2. Voir le *Journal d'un poète* à la date du 31 janvier 1835.

George Sand confiera à Marie Dorval, le 15 février, trois jours après la création, qu'elle était « sortie en larmes » de la salle. Sainte-Beuve, qui n'assista qu'à la troisième représentation, félicita Vigny par lettre de « ce drame si poétique et si touchant » et il fit paraître dans la *Revue des Deux Mondes* des 15 février et 1ᵉʳ mars deux notes non signées qui corrigeaient l'avis défavorable émis par Gustave Planche. Nous verrons quel fut l'enthousiasme de Théophile Gautier[1]. Celui de Maxime Du Camp, bien qu'il ne fût âgé que de treize ans à l'époque de la création, ne fut pas moindre. « Les hommes battaient des mains, les femmes agitaient leur mouchoir. Jamais, depuis, je n'ai vu une ovation pareille », se rappellera-t-il dans ses *Souvenirs littéraires*. L'essentiel de son admiration va à Marie Dorval. « Elle avait des intonations vulgaires, mais l'ampleur de son jeu, son intelligence des situations les plus délicates, la passion dont elle débordait en faisaient la plus grande actrice dramatique que j'aie jamais connue : je n'excepte ni Mars ni Rachel. » Dans *Chatterton*, il l'a vue essuyer des larmes réelles. « Malgré sa voix trop grasse, elle avait des accents plus doux qu'une caresse ; dans sa façon d'écouter, de regarder Chatterton, il y avait une passion contenue, peut-être ignorée, qui remuait le cœur et l'écrasait. » Comme tous les spectateurs, il a été saisi par le mouvement au prix duquel, dans la scène finale, elle glisse le long de cet escalier qu'elle avait tenu à faire installer comme une pièce essentielle du décor. Mais il salue aussi la prestation de Geffroy : « De ce rôle difficile, où la colère, l'amertume, le désespoir, l'amour, le génie se mêlent dans une exaltation qui flotte au-dessus de la folie, il sut rendre les nuances avec une implacable vérité. Il a fait une reconstitution, et aujourd'hui encore, lorsque j'entends parler de Chatterton, — du poète et non du drame —, c'est la figure de Geffroy qui m'apparaît[2]. »

1. Pour ces deux avis, voir *infra*, Documents, p. 155 et s.
2. *Souvenirs littéraires*, Aubier, 1994, p. 131-133.

La presse se montra moins enthousiaste pour l'auteur que pour ses acteurs. On reprocha à Vigny d'avoir idéalisé son modèle, exagéré les infortunes du sort qui est dévolu aux poètes, fait l'apologie du suicide, ou de n'avoir (comme si tel était l'objet principal du drame) apporté aucune solution à l'injustice qu'il dénonçait. Aux yeux des critiques qui placent le débat sur le terrain de l'esthétique, Vigny est plutôt rangé du côté des classiques : c'est ainsi que dans *Le National* du 6 avril 1835, Léon Gozlan le qualifie de «Racine de la prose». La sortie du drame en volume, qui suit presque immédiatement sa création à la scène, renforce plutôt les critiques, Jules Janin reprochant par exemple à Vigny dans le *Journal des débats* du 6 avril 1835 la fausseté de sa thèse : « Quel est le grand poète qui ne soit pas à sa place aujourd'hui ! »

Trente-sept représentations sont données jusqu'au 10 juillet, interrompues seulement du 28 avril au 22 mai par la création d'*Angelo, tyran de Padoue*, de Victor Hugo. La pièce est montée durant l'été (toujours avec Marie Dorval) dans quelques grandes villes de province. En 1836 et 1837, elle est à nouveau jouée plusieurs fois à Paris et en province. La rupture de Vigny et de Marie Dorval le 17 août 1838 n'empêchera pas que celle-ci reprenne le rôle de Kitty Bell à la Comédie-Française à partir du 9 mars 1840 ; dans *La Presse* du 23 mars, Théophile Gautier la trouve «adorable». Le 13 mai 1845, elle interprète le rôle au Théâtre-Italien dans une soirée à bénéfice. C'est parce qu'elle aura dans les années suivantes d'autres engagements que Vigny refusera plusieurs fois que *Chatterton* soit rejoué, n'imaginant pas d'actrice qui soit à sa hauteur. Le 9 octobre 1850, il écrit à Philippe Busoni qu'il est impatient de découvrir à la Comédie-Française la toute jeune Madeleine Brohan, qui y fera ses débuts la semaine suivante dans une comédie de Scribe et Legouvé. «Nous verrons, j'espère, cette nouvelle actrice ensemble, cet hiver, et nous jugerons s'il y a en elle ce qu'il faut de souffrant et de passionné pour jouer Kitty Bell. Hélas ! il y a une âme tourmentée qui a quitté pour toujours cette enveloppe que j'avais créée pour elle. » Marie Dorval est morte un an et demi plus tôt, le 20 mai 1849.

Quand le drame est enfin repris au Français le 7 décembre 1857, Vigny doit se soumettre à la censure impériale[1]. Cette reprise ne donnera lieu qu'à quinze représentations. Mme Arnould-Plessy interprète le rôle de Kitty Bell, tandis que celui de Chatterton est toujours tenu par Geffroy. C'est peu dire que, vingt-deux ans après la création de la pièce, il n'a plus tout à fait l'âge du rôle. Jules Janin dans le *Journal des débats* du 15 décembre, *Le Globe* du 27 décembre, et même Gautier dans *Le Moniteur* du 14 décembre jugent que la pièce est passée de mode. Certains l'avaient trouvée « classique » lors de sa création ; on la considère désormais comme d'un romantisme attardé. Quand, en 1867, Pierre Larousse éreinte dans son *Dictionnaire du XIXe siècle* cette figure d'un pauvre hère hostile au progrès et inutile à la société, concluant : « M. Alfred de Vigny sera, nous l'espérons, le dernier poète qui chantera les louanges de ces héros poitrinaires et ridicules », il exprime l'opinion malheureusement la plus répandue dans les milieux « littéraires » du Second Empire. *Chatterton* est pourtant repris à la Comédie-Française, en 1877, mais pour onze représentations seulement, avec un acteur débutant, Volny, dans le rôle de Chatterton (il obtient personnellement un vif succès) et Émilie Broisat en Kitty Bell.

En février 1907, on doit à Antoine, alors directeur de l'Odéon, de sortir le drame de l'oubli où il tendait à tomber. Il n'est plus guère joué jusqu'en 1926, année où il est monté d'abord le 3 mai 1926 à l'Odéon, puis à partir du 1er septembre à la Comédie-Française, où Pierre Fresnay interprète le rôle de Chatterton en même temps qu'il assure la mise en scène. C'est à lui que revient l'idée de

---

1. Nous indiquons dans les Notes de la pièce les modifications et les suppressions imposées.

souligner le côté romantique de la pièce en situant l'action
en 1820-1825 et en concevant un décor inspiré des gravures
anglaises de l'époque. La presse est à peu près unanime
pour saluer cette «résurrection». Les critiques applaudissent la rutilante arrivée des chasseurs, au deuxième
acte, à l'intérieur de ce confortable cottage anglais, l'économie de moyens avec laquelle on donne vue sur la
modeste chambre du poète et le romantisme discret de
l'interprétation de Pierre Fresnay. Marie Ventura, dans le
rôle de Kitty Bell, divise davantage : certains la trouvent
pleurnicharde. Parmi les rôles secondaires, le jeune Pierre
Bertin, interprète du rôle de Lord Talbot, s'attire de vifs
éloges pour son aisance et sa désinvolture. Quant à
l'œuvre elle-même, le débat sur la « thèse » défendue par
Vigny est loin d'être clos. Tandis que certains critiques
marxistes apprécient dans le drame de Chatterton une
révolte de l'individu contre la société possédante et diri-
geante, Lucien Dubech, excellent critique de Racine et
pourfendeur du romantisme, juge que « *Chatterton* permet de mesurer à quelle infirmité intellectuelle la pensée
romantique faisait tomber un homme aussi intelligent que
Vigny» (*L'Action française*, 19 septembre 1926). Pierre Fresnay joue onze fois le rôle, qui, en juin 1927, est repris sur
la scène du Français par Yonnel.

Le centenaire de la création de la pièce est célébré à la
Comédie-Française le 11 février 1935, mais pour deux
représentations seulement, avec à nouveau Yonnel dans le
rôle-titre, et Jeanne Sully dans celui de Kitty Bell. Cette
reprise est l'occasion pour Émile Henriot de donner dans
Le Temps du 26 mars un bel éloge de la pièce : «C'est le
plus beau drame romantique et je crois, peut-être, le seul.
Hernani et *Ruy Blas* ont plus de brillant, de verve verbale, et
se sauvent par la beauté du vers. Mais, dans sa prose solennelle, l'exceptionnel *Chatterton* est plus humain.» Le critique a ressenti, lors de la représentation à laquelle il a
assisté, le sentiment de profond respect qu'imposait au
public cette œuvre d'une extrême gravité.

Il faut une nouvelle commémoration (le 150ᵉ anniversaire de la naissance de Vigny) pour que *Chatterton* soit à nouveau présenté à la Comédie-Française en octobre 1947, avec *Quitte pour la peur*, mis en scène l'un et l'autre par Jean Debucourt. Il y aura dix-neuf représentations, qui s'échelonneront jusqu'au 12 février 1948. Julien Bertheau interprète le rôle de Chatterton (Paul-Émile Deiber lui succédera pour les quatre dernières représentations), Yvonne Godeau celui de Kitty Bell, tandis que Jean Davy, transfuge de l'Atelier, fait ses débuts à la Comédie-Française en interprétant John Bell. La mise en scène est dans l'ensemble jugée trop timide, trop conforme à la lettre de l'esprit romantique alors que Vigny présente, soulignent certains critiques, un conflit qui a des résonances au milieu du xxᵉ siècle. La chute finale de Kitty Bell a été supprimée pour la simple raison — paraît-il — que Jean Marais venait d'en faire une toute semblable à la fin de *L'Aigle à deux têtes*, de Jean Cocteau. L'interprétation de Julien Bertheau divise les critiques : lyrisme savamment tempéré pour les uns, inadaptation physique au personnage « chlorotique » de Vigny pour les autres. Yvonne Godeau, de même, est jugée tantôt exquise de réserve, tantôt trop peu sensible. Dans *Le Spectateur* du 11 novembre, Thierry Maulnier lui reproche pourtant de monter « le fameux escalier, au dernier acte, pliée en deux par la douleur, avec beaucoup d'indiscrétion ». Au moins la mise en scène lui épargnera-t-elle d'avoir à le redescendre.

Le 13 décembre 1963, à l'occasion du centième anniversaire de la mort de Vigny à la Sorbonne, Henri Rollan, Jean Marchat, Jacques Destoop et Régine Blaëss récitent des poèmes de l'auteur et jouent les scènes 7 et 8 de l'acte III de *Chatterton*.

En novembre 1976, Jean Jourdheuil, en collaboration avec Jean Dautremay et Jean-Michel Déprats, met le drame en scène avec la troupe du Théâtre National de Strasbourg. La pièce sera jouée à Strasbourg, à Poitiers et enfin à Paris, au Théâtre Récamier, du 10 janvier au 3 février

1977. Jean-Louis Hourdin interprète le rôle de Chatterton, Arlette Chosson celui de Kitty Bell, Hubert Gignoux celui du Quaker. Les décors sont de René Allio. Ainsi qu'il l'explique dans un article paru dans *Europe*[1], Jean Jourdheuil a voulu quitter le terrain « para-naturaliste » où les plus récentes mises en scène (notamment celles de la Comédie-Française de 1926 et 1947) avaient entraîné la pièce. « Au décor habituel, d'ailleurs indiqué par Vigny lui-même dans ses didascalies, la maison de John Bell, son "intérieur" bourgeois, nous avons substitué un "paysage mental", un "espace imaginaire" qu'a imaginé René Allio : une boîte de miroirs, absolument close sur elle-même, dont les parois étaient légèrement incurvées. Dans cette boîte de miroirs, les portes s'ouvraient quasi magiquement (grâce à un système de poulies) lorsqu'un personnage devait entrer ou sortir. Chaque entrée ou sortie était un petit événement comparable à ce qui se passe lorsqu'un caillou tombe dans l'eau d'un aquarium. Et jamais les personnages n'entraient ni ne sortaient d'eux-mêmes en ouvrant ou fermant une porte ; le décor les aspirait au-dehors ou les projetait au-dedans. Ainsi les spectateurs étaient-ils incités à prêter attention non au déroulement de la fable ou de l'action dans ce qu'elles ont d'anecdotique mais à ce qui se passait entre les personnages et en quelque sorte dans leurs têtes, au cheminement de leurs pensées et de leurs émotions. » À propos du fameux escalier, Jean Jourdheuil relève qu'il comportait de 15 à 18 marches lors de la création, puis 7 ou 8 seulement en 1926. Dans sa mise en scène, il en compte 26 et, au lieu d'être relégué au fond du plateau, il vient déboucher sur l'avant-scène. Réduire l'escalier, c'était encore sacrifier à une interprétation « naturaliste » du drame. Jean Jourdheuil lui donne le rôle d'« un espace scénique fortement connoté » : toute la douleur de Chatterton et de Kitty Bell vient s'y donner en « spec-

1. J. Jourdheuil, « Les enjeux de *Chatterton* », *Europe* n° « Alfred de Vigny », mai 1978, p. 108-114.

tacle ». Enfin, alors que les metteurs en scène avaient pris l'habitude de faire de *Chatterton* une pièce emblématique du romantisme, au point de la présenter avec des costumes et un décor du XIXe siècle, le drame du poète anglais est ici rendu au XVIIIe siècle où il est censé se dérouler ; ainsi, au lieu d'être représenté en bourgeois capitaliste arrivé, John Bell apparaît-il comme un être surtout hanté par son imagination, « pris d'effroi à l'idée que le chaos pourrait hanter sa maison — en la personne de Chatterton, de Kitty Bell et du Quaker, c'est bel et bien le chaos selon Vigny qui hante sa demeure ».

Dans un texte accompagnant le programme des représentations données au Théâtre Récamier, René Allio avait lui-même défini l'esprit de son décor : « Cet espace souhaité, où une horizontalité prosaïque devait contredire la verticalité de l'aspiration du poète, dans lequel l'escalier devait tomber comme au music-hall, qui devait décrire une auberge de luxe et faire penser, en même temps, à quelque paysage romantique et funèbre, où une zone à circulation labyrinthique devait déboucher sur une aire calme en avant, c'est à l'aide d'un sol ondulé pris dans le jeu de miroirs opposés, un peu comme s'il se fût agi d'un outil préexistant, que j'ai cherché à le construire. Le paysage mélancolique d'un cimetière, dans une gravure à la mode gothico-romantique, devait fournir le répertoire des formes. » *Chatterton* est donc encore, dans la mise en scène de Jean Jourdheuil, un drame *romantique*, mais c'est du romantisme à la mode anglaise qu'il s'agit cette fois, d'une époque où le terme était inconnu des écrivains français.

Chatterton fut porté à la scène d'une autre façon, sous la forme d'un opéra en trois actes et quatre tableaux de Ruggero Leoncavallo, créé à Rome le 10 mars 1896. Le drame avant tout intérieur, si pudiquement exprimé, de Chatterton et de Kitty Bell livré aux élans de l'inspiration vériste : on n'imagine guère pire discordance esthétique. Il faut savoir que Leoncavallo avait une vingtaine d'années quand il conçut l'idée de son œuvre et qu'il en acheva une première mouture en 1878. Faute d'avoir été ensuite accommodé au goût du jour, son *Chatterton* décevra le public qui avait fait un triomphe à *Paillasse* (1892). Le livret comportait d'assez profondes modifications par rapport au drame de Vigny. Ainsi Kitty devient-elle Jenny tandis que le Quaker, dont le rôle est amplifié, s'appelle Georges. Le premier acte de la pièce, qui avait en partie pour fonction de présenter la situation sociale des personnages, est considérablement simplifié dans l'opéra. M. Beckford n'apparaît pas sur scène : son intervention est remplacée par la lecture de la lettre qu'il a envoyée à Chatterton. C'est Jenny qui avoue son amour à Chatterton, non l'inverse. Et ainsi de suite. On doit à Maurice Vaucaire (traduction de E. Crosti) une adaptation française de cet opéra, représentée pour la première fois au Casino municipal de Nice en mars 1905. Il semble que les versions italienne et française n'aient pas été jouées depuis fort longtemps et il n'en existe aucun enregistrement[1].

1. Nous devons tous ces renseignements à l'article de Loïc Chotard, « Du drame à l'opéra : une réécriture de *Chatterton* », dans *Alfred de Vigny : un souffle dramatique,* ouvrage cité en Bibliographie. À la fin de cet ouvrage figure, en annexe, le texte de l'adaptation française de l'opéra de Leoncavallo

DOCUMENTS

GUSTAVE PLANCHE

Parmi les articles qui accueillirent avec hostilité ou froideur la première représentation de Chatterton, l'un de ceux qui peinèrent le plus Vigny fut certainement celui de Gustave Planche, paru dans la Revue des Deux Mondes du 15 février 1835 et rédigé, paraît-il, avant même la création de la pièce. Le 18, Vigny, qui a collaboré à la revue et y a fait entrer Planche, écrit à son directeur François Buloz : « Il est décent qu'un journal ne vante pas ceux qui signent ses feuilles, mais il est incompréhensible qu'il les attaque. » Buloz s'est contenté de publier à côté de l'article de Planche une note (non signée), particulièrement favorable, de Sainte-Beuve, qui réitérera ses éloges dans le numéro du 1er mars. À l'attaque de Planche, Alfred de Musset réplique, lui, par deux sonnets (fort mauvais) envoyés à Buloz, qui les remettra à Vigny et que celui-ci reproduira dans son Journal.

L'appréciation des mérites et surtout des faiblesses de Chatterton se lit avec plus de recul au sein de l'étude que Gustave Planche consacre à l'ensemble de l'œuvre de Vigny dans le deuxième volume de ses Portraits littéraires, publiés l'année suivante, chez Werdet (t. II, p. 196-208). Le chapitre XVIII de l'ouvrage, intitulé « Alfred de Vigny », se compose de deux parties. La première retrace la vie de l'écrivain et contient un rappel de ses œuvres (poésies, théâtre, romans) ; Planche s'y montre particulièrement sensible à

la beauté de « Moïse » et d'«Éloa », à la qualité de la prose de
Cinq-Mars *jusque dans ses « négligences de bon goût », à la belle*
inspiration, à l'exquise chasteté de l'exécution et à la «pudeur
antique du style» de Stello. *La seconde partie (absente de la troi-*
sième édition des Portraits, *publiée en 1853) reprend le compte*
rendu de Chatterton. *Après un résumé de la biographie du poète*
anglais, Planche souligne les libertés prises par Vigny et donne
un aperçu général de son drame. Suit l'analyse que nous repro-
duisons.

(…) Trois personnages seulement : un poète, une jeune
femme et un sage. Sachez ce qu'ils sont, et vous saurez ce
qu'ils vont faire. Chatterton a dix-huit ans, il est pauvre, il
se croit méconnu, il accuse l'injustice du monde, et loin de
faire un pas pour rencontrer la gloire qui vient au-devant
de lui, il s'obstine dans la misère et la solitude. Il passe les
nuits dans l'étude et le jour dans les imprécations. Il se dit
avec une fierté complaisante : Il n'y a pas, au milieu de ce
troupeau tumultueux qui s'appelle la Grande-Bretagne,
une seule place digne de moi. Ma voix mélodieuse n'arrive
pas à leurs oreilles grossières. Leurs cerveaux indolents ne
comprennent rien à mes divines pensées. Ils ignorent pour
la plupart jusqu'à mon nom, et ceux qui le savent ne don-
neraient pas une heure de leurs plaisirs pour la lecture de
mes poëmes. Les querelles du parlement, la chasse et les
combats de coqs épuisent toutes les passions de ces nobles
citoyens. Irai-je mendier la fortune et les applaudissements
de cette foule insolente? C'est à eux de plier le genou,
de me tresser des couronnes ; qu'ils viennent donc, et je
chanterai pour eux. Qu'ils se pressent autour de moi, et
je leur raconterai les merveilles des siècles révolus : je leur
dirai les souffrances et les exploits de leurs aïeux ; je rani-
merai au souffle de mon génie les cendres d'Hastings, je
rendrai aux Normands et aux Saxons, endormis dans la
nuit du tombeau, leurs armures rouillées. Le vainqueur et
le vaincu se lèveront à ma voix et recommenceront la

bataille. — Mais la foule tarde bien. Faut-il donc vivre seul avec mon génie ? Pourquoi Dieu m'a-t-il envoyé sur la terre ? pourquoi l'inspiration dans mon cœur et les hymnes sur mes lèvres ? que signifie cette cruelle raillerie ? ne m'a-t-il placé si haut que pour éloigner de moi toutes les sympathies ? S'il y a quelque part un Dieu, il doit être juste. S'il ne mesure pas la douleur aux forces de sa créature, il ne mérite pas mes prières, et je le maudis. — J'avais rêvé la gloire, et voici qu'elle m'échappe. J'avais rêvé l'amour pour me consoler de l'ingratitude ignorante ; mais quelle femme accepterait l'obscurité de mon nom ? Je n'ai plus qu'un devoir : le suicide.

Kitty Bell, vouée tout entière à ses deux enfants, oublie, en les caressant, l'inflexible sévérité de son mari. C'est à peine si elle se souvient des paroles dures et brutales de son maître. Une tresse des blonds cheveux, que chaque jour sa bouche couvre de baisers, suffit à sa joie et à sa résignation. Elle ne soupçonne pas les extases de l'amour, elle ne connaît les passions que par les récits désastreux. Façonnée dès-longtemps aux austères enseignements du christianisme, elle sait que la vertu n'est pas seulement de combattre le danger, mais bien aussi de l'éviter. Marcher sur le bord de l'abîme, et ne pas tomber, c'est une habileté glorieuse, mais coupable ! La religion prescrit la prudence avant le courage. Il faut accepter la lutte, mais non pas l'engager. Toutes les leçons, si vulgaires et si souvent méconnues, sont gravées dans le cœur de Kitty en caractères ineffaçables. Dieu et sa famille remplissent toutes ses journées. Enfermée sans regret et sans larmes dans le cercle prévu de ses devoirs, elle ne murmure pas contre la longueur de sa tâche. La sérénité laborieuse de sa vie suffit à ses ambitions. Chaque soir, elle s'endort dans la pieuse espérance de recommencer le chemin parcouru. Paisible et fière dans sa candeur, elle ne songe pas à s'abriter contre l'orage. Elle n'entend que la voix des anges, et le bruit qui se fait à ses pieds est pour elle comme s'il n'était pas.

Si le malheur éploré se trouve sur sa route, elle ne se
défendra pas d'une généreuse compassion. Elle ne retien-
dra pas les larmes qui gonflent sa paupière. Elle sera
tendre, dévouée, mais sans remords et sans crainte, car la
piété est au nombre des devoirs chrétiens. Interrogée par
son maître sur le bien qu'elle a fait, elle se taira plutôt par
modestie que par confusion. Elle ne veut pas dévoiler le
sacrifice, de peur de le profaner ; elle se refuse à mentir,
mais elle demande le temps de se recueillir pour épargner
la honte à celui qu'elle a sauvé.

Et le jour où elle s'aperçoit que l'amour est entré dans
son cœur, elle ne se pardonne pas l'aveu d'un désir coupable, et retourne à Dieu pour expier sa faiblesse.

Entre Chatterton et Kitty, le sage mûri par l'expérience
et les années. Affilié à la secte la plus pure de la république
universelle, à la secte des quakers, le docteur est indulgent
aux douleurs qu'il ne partage pas. Il n'a pas subi les passions, mais il les connaît, comme un matelot connaît les
voiles de son navire. Son front se dépouille, mais n'a pas
de rides ; ses cheveux blanchissent, mais son corps n'est
pas courbé. Les feuilles tombent et l'arbre est debout. Il a
des racines profondes, et renouvelle à chaque printemps
la sève de ses rameaux.

Calme et stoïque pour les maux qui n'atteignent que lui,
le docteur n'imite pas la sagesse égoïste des vieillards usés
dans le plaisir. Il ne prescrit à personne la sécurité qu'il
s'est faite. Il tend la main à ceux qui fléchissent, il sourit à
ceux qui espèrent ; mais il se reprocherait, comme une
méchanceté envieuse, de dessiller les yeux plus jeunes que
les siens. Il respecte les illusions qui ne sont plus de son
âge. Il se garde bien de hâter la maturité des idées qui
n'ont pas eu le temps de grandir. Il dépose ses leçons
comme un germe fécond dans les âmes qu'il se concilie. Il
creuse patiemment le sillon, pour que le vent n'emporte
pas la semence ; mais il se fie au ciel pour l'épanouisse-
ment du grain et la richesse dorée de la maison.

Il prévoit les passions qui ne sont pas encore nées. Il

pressent la foudre qui va déchirer le nuage, avant d'avoir aperçu l'éclair à l'horizon. Comme l'oiseau qui rase la plaine, il annonce l'orage aux voyageurs attardés. Écoutez-le, car il sait mieux que vous quel abri convient à votre faiblesse ; écoutez-le, car il a étudié la route où vous entrez ; il devine où le pied vous manquera. Laissez-vous guider par lui, et vous marcherez sûrement.

Le bonheur est dans le devoir. C'est pourquoi le docteur tiendra d'une main sévère les rênes de son gouvernement paternel. Il est sûr d'éteindre l'incendie, mais il vaut mieux, il ne l'ignore pas, étouffer l'étincelle. Son bras serait assez fort pour terrasser l'ennemi, mais il vaut mieux le prévenir par la ruse et ménager le sang de l'armée.

Quel drame est possible à ces trois acteurs ? Avec le Génie, l'Innocence et la Sagesse, quelle tragédie peut se nouer ? Donnez au génie la mélancolique élégie, à l'innocence l'hymne pieuse, à la sagesse le verset biblique ; dans cet échange harmonieux de pensées élevées, de sentiments purs et célestes, trouverez-vous la trame d'un poëme dramatique ? L'élégie, l'hymne et le verset répugnent également à l'action. Multipliez à profusion les délicatesses de l'analyse, sondez dans ses profondeurs les plus cachées la conscience du poète, de la mère et du sage. Que chacun, à son tour, récite la strophe et l'antistrophe. Ne laissez dans l'ombre aucune des émotions que vous avez pénétrées ; mettez à nu le cœur saignant dont vous savez les souffrances. Il vous restera beaucoup, si ce n'est tout, à faire avant d'aborder la scène.

Oui, sans doute, l'action réduite à elle-même n'est qu'un spectacle brutal. Il n'y a, dans une œuvre ainsi conçue, rien de littéraire, rien qui mérite l'attention des esprits choisis. Mais l'analyse sans l'action n'est pas moins impuissante que l'action sans l'analyse. Le mouvement inexpliqué, le mouvement sans la philosophie, plaira tout au plus à la populace. Mais la philosophie sans mouvement, la philosophie libre et souveraine, régnant sans contrôle sur le monde des idées, ne s'adresse qu'aux lecteurs studieux, et ne doit pas espérer d'être écoutée au théâtre.

Or, si je ne m'abuse, dans le drame de M. de Vigny, l'analyse est savante, inépuisable, courageuse, ingénieuse en ressources ; mais elle est seule, et ne peut suppléer l'action absente. Qu'on en juge.

Au premier acte, Kitty et Chatterton sont en présence. Avec un mot, s'ils avaient l'occasion de le dire, ils se comprendraient. Le poète confierait sa douleur, la mère chaste et pieuse le consolerait sans remords. Son amitié sainte trouverait des paroles salutaires sans se détourner de la route du devoir. Cette Bible surprise entre les mains de ses enfants, qui vient de lui, et qu'elle veut lui rendre, témoigne assez haut de sa sympathie pour le malheur. Sa soumission empressée aux conseils du docteur, sa crainte d'offenser par un refus la pauvreté du poète, motiveraient un épanchement entre ces deux âmes fraternelles. Mais le sage s'interpose ; il ne veut pas permettre le mutuel aveu qui pourrait les perdre. Il emmène Chatterton, et dès ce moment on prévoit, sans trop de sagacité, que l'action ne s'engagera pas. Les personnages, une fois posés, ne peuvent s'animer sans mentir à leur nature. — L'explication de Kitty avec son mari est délicate, gracieuse, ingénue, touchante ; mais elle n'accélère pas d'une minute le progrès de la fable dramatique.

Au second acte, la visite de lord Talbot à Chatterton, son ancien camarade de collège, semble un instant engager la lutte entre le poète et Kitty. La jeune mère, si près du rôle d'amante, craint d'avoir été trompée. Elle croyait aimer dans Chatterton l'abandon et la pauvreté ; ces amis joyeux et opulents qui viennent à lui sont une raillerie cruelle à sa crédulité. Mais le dépit même jette une lumière nouvelle sur la vraie situation de son cœur. Que lui ferait la richesse ou la pauvreté du poète, si elle n'avait pour lui que de l'amitié ? Ne devrait-elle pas se réjouir au lieu de le plaindre ? N'est-ce pas l'amour seul qui met son égoïsme à consoler sans partage et sans secours ? n'est-ce pas l'amour

qui va jusqu'à souhaiter la misère pour agrandir le dévouement ? Eh bien ! ici encore le docteur intervient pour
imposer silence à la passion qui voudrait parler ; il retient
sur la lèvre imprudente l'aveu qui déborde et qui ferait
de l'ange une femme. Au moment où Kitty, oubliant sa
pudeur austère, va se confesser aux pieds de son vieil ami,
au lieu de venir en aide à sa timidité, il moralise, l'heure
s'enfuit, et la voix impérieuse du mari arrête le flot qui
allait s'épancher.

Ainsi, après deux actes entiers, l'action n'est pas com-
mencée : le troisième acte se jouera-t-il de nos prévisions ?
Sur une lettre de Chatterton, le lord-maire, un des plus
grands seigneurs du royaume, vient lui offrir un traite-
ment de cent livres sterling et une place de premier valet
de chambre. Je comprends sans peine l'humiliation et la
colère du poète à la lecture d'une pareille proposition.
Mais l'humiliation suffisait ; pourquoi faire signer à Chatterton un billet par lequel il promet son corps à Skirner,
en cas de non paiement ? C'est une horreur très inutile.

Il y a dans ce troisième acte deux scènes que je dois
louer, parce qu'elles sont bien posées. Quand le docteur
pressent la dernière résolution de Chatterton, il va le trouver dans sa chambre. Il retourne habilement le poignard
dans le cœur désespéré qu'il veut guérir ; il élargit la plaie
pour mieux juger la blessure ; il le ramène à la vie par l'orgueil, et lui montre la gloire infidèle couronnant le front
de ses rivaux. Il le terrasse par la honte. Un instant, il croit
la partie gagnée ; déjà il se réjouit ; mais cette chance lui
échappe, il n'a plus qu'une dernière ressource : c'est d'in-
voquer l'amour de Kitty. À cet aveu, le malheureux se
ranime, mais l'orgueil ne lui permet plus d'entrevoir le
bonheur ; il n'a plus la force d'espérer.

Kitty elle-même se résigne vainement au même aveu.
Hardie par abnégation, elle épuise, pour le consoler et le
retenir, les paroles dont elle aurait rougi une heure aupa-
ravant. Elle a beau déchirer le voile qui couvrait ses yeux
d'ange, elle ne peut le sauver. Il boit l'opium, il s'enfuit

pour mourir loin d'elle ; elle ramasse le flacon qu'il a laissé
tomber ; son mari l'appelle, et elle meurt en feuilletant
convulsivement la Bible du poète qui l'a précédée devant
Dieu.

Telle est la pièce dont j'ai tâché de reproduire fidèle-
ment les situations et les caractères.

Personne plus que moi n'estime et n'admire la sévérité
littéraire de M. de Vigny. Dans le drame que je blâme, il y
a des qualités de diction qui sont dignes d'étude ; mais ces
qualités appartiennent plutôt au style des livres qu'au style
dramatique. Il s'exagère l'importance de l'euphémisme. Il
fait ses périodes trop nombreuses ; les charnières de sa
phrase ne sont pas assez multipliées. Il ne brise pas assez
souvent les formes de son dialogue. Il sacrifie trop volontiers au succès de la lecture, et répudie, avec une pruderie
obstinée, les mouvements heurtés d'une conversation passionnée. Chez lui, on le sent facilement, le mieux est l'ennemi du bien ; l'élégance continue et laborieuse qu'il
s'impose contrarie fatalement l'abandon et la spontanéité
dont la scène ne peut se passer. Je dois donc le dire sans
hésitation et redouter le reproche de pessimisme, je ne
pense pas que M. de Vigny soit appelé, par la nature des
ses inspirations, ni surtout par ses habitudes de style, à
écrire pour la scène. Je me réjouis sincèrement du succès
qu'il a obtenu, jeudi dernier, non seulement parce que j'y
vois, pour lui, une protestation toute naturelle contre la
franchise austère de mon jugement, mais aussi parce que
l'attention religieuse de l'auditoire, en présence de ce dialogue inaccoutumé, promet à la réaction spiritualiste un
prochain et infaillible triomphe. Ce qu'il n'a pas fait, l'avenir saura bien le faire. J'ignore s'il sera donné à M. de
Vigny de se résoudre aux calculs scéniques qu'il paraît
dédaigner aujourd'hui ; j'ignore s'il consentira un jour
à combiner, selon les conditions du théâtre, les pensées qu'il exprime aujourd'hui avec une richesse égoïste.
Renoncera-t-il sans regret aux patientes coquetteries de la
pensée ? oubliera-t-il sans répugnance la chasteté savante

du style qui jusqu'ici a fait sa gloire la plus solide ? Ce n'est pas moi qui résoudrai ces questions. L'épreuve, et l'épreuve seulement, décidera pour ou contre mes prophéties. Mais comme je comprends et comme je m'explique l'inaptitude dramatique de l'auteur de *Cinq-Mars* et de *Stello*. L'élégie pure est la vie naturelle de sa pensée ; rien, dans ses œuvres, n'est au-dessus du poème d'*Éloa*. Or l'élégie est, de sa nature, inactive et repliée sur elle-même ; mais elle trouve pourtant à se placer dans le récit sans violer manifestement toutes les conditions de la forme épique. Comme le poète qui raconte a le droit d'intervenir en son nom et d'interpréter librement, avec ses émotions personnelles, les actions de ses personnages, le lecteur accepte sans impatience les haltes élégiaques. Le récit le plus riche, le plus complet, le plus animé, participe volontiers de l'indolence et de l'énergie. L'individualité du poète trouve à se révéler, à de fréquents intervalles, sans blesser la raison ; mais il n'en est pas ainsi au théâtre. Le drame veut, avant tout, l'animation, la force, le mouvement, la virilité de la pensée. La paisible expansion, le déroulement harmonieux des sentiments les plus purs, ne peuvent suppléer cette virilité, qui n'est, à tout prendre, que l'action elle-même. Et je n'ai pas besoin d'ajouter que l'action, poétiquement comprise, s'applique aussi bien au langage qu'aux gestes.

C'est pourquoi, si M. de Vigny projette, comme j'ai tout lieu de le croire, la rénovation de la scène, il doit dire adieu pour longtemps aux habitudes solitaires et recueillies de son intelligence. Le théâtre, comme la tribune, est voué au tumulte et à l'agitation : celui qui craint le bruit doit renoncer au théâtre comme à la tribune.

Est-ce à dire qu'il n'y a pas aujourd'hui parmi nous un seul homme capable de régénérer la poésie dramatique ? Avec le drame physiologique et brutal de M. Dumas, avec le drame splendide et puéril de M. Hugo, avec le drame spiritualiste et inactif de M. de Vigny, n'est-il pas possible de composer idéalement l'ensemble complet du poète réservé aux triomphes et à la gloire de la scène ? Avec ces fragments d'armure épars sur le champ de bataille faut-il désespérer de forger une panoplie à l'épreuve des chocs inattendus ? N'y a-t-il pas dans *Lucrèce Borgia*, *Antony* et *Chatterton*, les éléments probables de l'unité poétique, si vainement invoquée jusqu'ici ? L'action, le spectacle et la pensée refuseront-ils de consentir à des mutuelles concessions, et de sceller une glorieuse alliance ? Ne verrons-nous jamais se rencontrer sur le même terrain, sans haine et sans jalousie, l'amusement, l'émotion et la pensée ? Si je ne m'abuse, cette réconciliation n'a rien d'invraisemblable ; mais les types représentés par MM. Dumas, Hugo et de Vigny continueront à se développer isolément : aucun des trois ne voudra s'effacer ou s'absorber dans l'un des deux autres. Le jour où la réunion des types s'accomplira, nous aurons la dictature après l'anarchie : les trois types s'anéantiront en se réunissant. — Non pas que je conseille à personne l'abnégation de sa propre nature comme un moyen d'agrandir sa puissance : l'imitation la plus savante ne peut jamais conduire à l'originalité. Mais les intelligences prédestinées s'instruiront au spectacle des épreuves. Et qu'on ne dise pas que la critique s'enferme dans une négation obstinée. Ce n'est pas notre faute si l'élégie et le roman dominent aujourd'hui la poésie dramatique ; nous écrivons l'histoire, nous ne la faisons pas.

Gustave Planche

THÉOPHILE GAUTIER

Dans Le Moniteur *du 14 décembre 1857, Théophile Gautier rend compte de la reprise de* Chatterton *à la Comédie-Française. Le texte sera publié à nouveau dans son* Histoire du romantisme *(posth., 1874). On notera l'interprétation que Gautier donne des raisons du suicide du poète : « Ce malheureux enfant n'aurait jamais pu se résigner à la vie, le pain ne lui eût-il pas*

*manqué, et il se serait enveloppé, pour y mourir, dans son orgueil
solitaire. » Croire que le héros meurt victime de sa mélancolie plutôt que de l'état de misère où le laisse la société, c'est en somme se
montrer plus romantique que l'auteur de la pièce.*

Une des vives impressions de notre jeunesse a été la première représentation de *Chatterton*, qui eut lieu, comme
chacun sait, le 12 février 1835. Aussi, l'autre soir, en nous
rendant au Théâtre-Français, éprouvions-nous une certaine inquiétude, à laquelle le talent de M. Alfred de Vigny
n'avait aucune part, hâtons-nous de le dire ; c'était de
nous-même que nous doutions. — Allions-nous retrouver
l'émotion des jeunes années, le naïf et confiant enthousiasme, la consonance parfaite avec l'œuvre, tous les sentiments qui nous animaient alors ? — Quand l'âge est venu,
un grand poète l'a dit, il ne faut revoir ni les opinions ni
les femmes qu'on aimait à vingt ans. Nos admirations ont
été plus heureuses.

Chatterton, lorsqu'il fut joué, se séparait plus encore
qu'aujourd'hui de la manière en vogue. C'était le temps
du drame historique, shakespearien, chargé d'incidents,
peuplé de personnages, enluminé de couleur locale, plein
de fougue et de violence ; la bouffonnerie et le lyrisme s'y
coudoyaient selon la formule prescrite ; la marotte des
fous de cour faisait tinter ses grelots, et la bonne lame de
Tolède, tant raillée depuis, frappait d'estoc et de taille.
Dans *Chatterton*, le drame est tout intime et ne se compose
que d'une idée ; de fait, d'action, il n'y en a pas, si ce n'est
le suicide du poète deviné dès le premier mot. Aussi ne
croyait-on pas l'œuvre possible au théâtre : cependant,
contre la prévision des habiles, le succès fut immense.

La jeunesse de ce temps-là était ivre d'art, de passion
et de poésie ; tous les cerveaux bouillaient, tous les
cœurs palpitaient d'ambitions démesurées. Le sort d'Icare
n'effrayait personne. Des ailes ! des ailes ! des ailes !
s'écriait-on de toutes parts, dussions-nous tomber dans la

mer! Pour tomber du ciel, il faut y être monté, ne fût-ce
qu'un instant, et cela est plus beau que de ramper toute sa
vie sur la terre. Cette exaltation peut sembler bizarre à la
génération qui a maintenant l'âge que nous avions alors,
mais elle était sincère, et plusieurs l'ont prouvé sur qui,
depuis longtemps, l'herbe pousse épaisse et verte. Le par-
terre devant lequel déclamait Chatterton était plein de
pâles adolescents aux longs cheveux, croyant fermement
qu'il n'y avait d'autre occupation acceptable sur ce globe
que de faire des vers ou de la peinture, — de l'art, comme
on disait, — et regardant les *bourgeois* avec un mépris dont
celui des *renards* d'Heidelberg ou d'Iéna pour les *philistins*
approche à peine. Les bourgeois! c'était à peu près tout le
monde; les banquiers, les agents de change, les notaires,
les négociants, les gens de boutique et autres, quiconque
ne faisait pas partie du mystérieux cénacle et gagnait pro-
saïquement sa vie. Jamais telle soif de gloire ne brûla des
lèvres humaines. Quant à l'argent, l'on n'y pensait pas.
Plus d'un alors, comme dans ce concours de professions
impossibles que raconte Théodore de Banville avec une
ironie si résignée, aurait pu s'écrier sans mentir : « Moi, je
suis poète lyrique, et je vis de mon état! » Lorsqu'on n'a
pas traversé cette époque folle, ardente, surexcitée, mais
généreuse, on ne peut se figurer à quel oubli de l'existence matérielle l'enivrement, ou si l'on veut l'infatuation
de l'art poussa d'obscures et frêles victimes qui aimèrent
mieux mourir que de renoncer à leur rêve. — L'on enten-
dait vraiment dans la nuit craquer la détonation des pistolets solitaires. Qu'on juge de l'effet que produisit dans un
pareil milieu le *Chatterton* de M. Alfred de Vigny, auquel, si
l'on veut le comprendre, il faut restituer l'atmosphère
contemporaine.

　　Le noble auteur que sa position personnelle mettait à
l'abri de semblables infortunes se préoccupa toujours du
sort que la société fait aux poètes. Cette idée est dévelop-
pée tout au long dans *Stello ou les Consultations du Docteur
Noir*, dont *Chatterton* n'est qu'un épisode repris et remanié

pour la scène. Avec quelle sympathie nerveuse, quelle sensibilité féminine, quelle chaleureuse pitié M. de Vigny
comprend et déplore les souffrances de ces âmes délicates froissées par le contact brutal des choses! comme il
réclame pour elles la vie et la rêverie, c'est-à-dire le pain et
le temps; en l'écoutant on lui donne raison, tellement
sa voix est éloquente, et cependant qui jugera si le poète
est vraiment un poète et si la société doit le nourrir oisif
jusqu'à ce que l'inspiration lui descende du ciel? — En
croira-t-on les affirmations de l'orgueil ou les avis de la critique, et le bruit populaire? Mais arrivé là, déjà l'écrivain
n'a plus besoin d'aide.

    — Personne a-t-il jamais strictement vécu de sa poésie,
excepté ceux qui en sont morts? nous ne le pensons pas.
La poésie n'est pas un état permanent de l'âme. Les mieux
doués ne sont visités par le dieu que de loin en loin; la
volonté n'y peut rien ou presque rien. Seul parmi les
ouvriers de l'art, le poète ne saurait être laborieux, son travail ne dépend pas de lui; aucun — nous le disons sans
crainte d'être contredit, même par les illustres — n'est certain le matin d'avoir fini le soir la pièce de vers qu'il commence, n'eût-elle que quelques strophes. Il faut rester
accoudé à son pupitre et attendre que de l'essaim confus
des rimes une se détache et vienne se poser au bord de
l'écritoire, ou bien il faut se lever et poursuivre dans les
bois ou par les rues la pensée qui se dérobe. Les vers se
font de rêverie, de temps et de hasard : avec une larme ou
un rayon, avec un parfum ou un souvenir. Une stance
abandonnée dans un coin de la mémoire comme une
larve entourée de sa coque s'anime tout à coup et s'envole
en battant des ailes; son temps d'éclosion était venu. Au
milieu d'une occupation toute différente ou d'un entretien sérieux, une bouche invisible vous souffle à l'oreille le
mot qui vous manquait, et l'ode en suspens depuis plusieurs mois est achevée. Comment apprécier et surtout
rémunérer un pareil labeur. L'idée d'un poète exclusivement poète et vivant de son œuvre ne peut donc se soute

nir. — De ce que certaines œuvres poétiques ont été chèrement payées, il ne faudrait même pas en inférer que
leurs auteurs eussent pu se suffire *toujours* avec cette ressource, ce n'est qu'un accident et encore tout moderne,
dû à des motifs·qu'il ne serait pas difficile de préciser et
qui n'ont aucun rapport avec la poésie pure.

M. Alfred de Vigny, nous le savons, ne pose pas Chatterton comme une généralité, mais comme une douloureuse
exception. Ce malheureux enfant n'aurait jamais pu se
résigner à la vie, le pain ne lui eût-il pas manqué, et il
se serait enveloppé, pour y mourir, dans son orgueil solitaire.

Quand la toile, en se levant, nous a laissé voir le décor
un peu effacé par le temps, avec ses boiseries brunes, ses
vitrages verdâtres et cette rampe d'escalier en bois sur
laquelle glissait, au dénouement, le corps brisé de Kitty
Bell, nous avons vainement cherché Joanny sur la chaise
du quaker, et de l'autre côté la pauvre Mme Dorval. Seul,
Geffroy, pâle, vêtu de noir, se tenait debout au milieu de la
scène, vieilli, comme tout le monde, de vingt-deux ans, ce
qui est peut-être beaucoup pour un poète qui n'en avait
que dix-huit, mais conservant le vrai esprit de l'époque, le
sens intime de l'œuvre, déjà en partie perdu, l'aspect
amer, romantique et fatal dont on raffolait en 1835.

Le commencement de la pièce a paru un peu froid, surtout aux spectateurs de la génération actuelle, dont les
préoccupations sont si différentes de celles qui nous agitaient alors. John Bell, l'exact, le positif, le juste selon la
loi, avec ses raisonnements pratiques et à peu près irré-
futables, excitait autrefois une répulsion violente ; on le
haïssait comme un traître de mélodrame tout chargé de
noirceurs et de crimes, et lorsque, Barbe-Bleue commer-
cial, il demandait compte à sa femme des quelques livres
non justifiées sur le registre, un frisson de terreur parcou-
rait la salle. On avait peur de lui voir décapiter la tremblante Kitty Bell avec le tranchant d'une règle plate. Plus
d'une jeune femme romantique, au teint d'opale, aux

longues boucles anglaises, tournait les yeux mélancoli-
quement vers son mari classique, bien nourri et vermeil,
comme pour attester la ressemblance. Maintenant John
Bell, qui ne veut pas qu'on détruise ses mécaniques et prétend qu'il faut payer par un travail assidu son écot au ban-
quet de la vie, ou se lever de table si l'on n'a pas d'argent,
rigide pour les autres comme il l'a été pour lui-même,
semble le seul personnage raisonnable de la pièce.

Le quaker, malgré ses excellentes intentions, radote un
peu et fait l'effet sur sa chaise d'un patriarche en enfance.
Kitty Bell aime chastement un jeune homme qui n'a pas
un penny, ne fait que des vers et se promène en gesticu-
lant ou en déclamant, maigre sous son mince habit noir
râpé. Aucune femme ne la comprend, et les jeunes filles
même la trouvent absurde, elles dont l'idéal descend
d'un coupé, en brodequins claqués, en gants de Suède, le
cigare aux lèvres et le porte-monnaie bourré de billets et
de napoléons. En 1835, cela paraissait tout simple d'aimer
Chatterton ; mais aujourd'hui comment s'intéresser à un
particulier qui ne possède ni capitaux, ni rentes, ni maisons, ni propriétés au soleil, et qui ne veut pas même
accepter de place, sous prétexte qu'il a écrit *La Bataille
d'Hastings*, composé quelques pastiches de vieilles poésies
en style anglo-saxon, et qu'il est un homme de génie ? Le
lord-maire et les jeunes seigneurs en frac écarlate ont paru
bien bons enfants de s'occuper de ce sauvage maniaque et
de le venir relancer avec cette persistance. On n'y fait pas
tant de façons à notre époque, et les lords montent peu
l'escalier des mansardes, où les poètes peuvent du moins
mourir de faim en paix, si tel est leur bon plaisir, car du
moment que l'on cesse d'être poète, il faut le dire, la vie
redevient possible.

Cependant l'émotion lentement préparée est arrivée
enfin, lorsqu'on a vu cette chambre nue et froide, à peine
éclairée par une lampe avare et dans laquelle la lune plon-
geait par les carreaux brouillés avec son regard blanc et
son visage de morte, — triste et seule compagne d'une

âme à l'agonie, inspiratrice défaillante d'un travail convulsivement découragé. Cet étroit grabat, plus semblable à un
cercueil qu'à un lit, plus fait pour le cadavre que pour le
corps, au bord duquel Chatterton veut forcer sa pensée
vierge à se donner pour de l'argent comme une courti-
sane, a produit un effet sinistre. Plus d'un écrivain dans la
salle, a pu reconnaître là le tableau, exagéré sans doute,
mais foncièrement vrai, de ses lassitudes, de ses luttes
intérieures et de ses abattements. Oui, certes, il est dur
lorsque la Chimère vous sourit, de son sourire langoureu-
sement perfide, vous caresse de ses yeux qui promettent
l'amour, le bonheur et la gloire par des scintillations
étranges, vous fouette le front du vent de ses ailes en par-
tance pour l'infini et vous laisse mettre familièrement
la main sur sa croupe de lionne, de la laisser s'envoler
seule, dépitée et méprisante comme une femme dont on
n'a pas compris l'aveu et de s'atteler piteusement à la
lourde charrette de quelque besogne commandée. — Mais
qu'y faire? — Se rattacher à quelque devoir, à quelque
amour, à quelque dévouement, traduire le prix de ce travail rebutant en sécurité, en bien-être, en aisance pour
des têtes chères, et sacrifier courageusement son orgueil
sur l'autel du foyer domestique. Eh bien, vous ne serez
ni Homère, ni Dante, ni Shakespeare; l'eussiez-vous été
même en ne faisant que des vers? — Le fâcheux de la
chose, c'est que Pégase — comme on le voit dans la bal-
lade de Schiller — n'est jamais, même lorsqu'il se résigne,
un bien bon cheval de labour; il trace quelques sillons
droits, puis s'emporte, ouvre ses immenses ailes, casse ses
traits, ou, s'il ne le peut, enlève avec lui le laboureur et la
charrue, quitte à les laisser tomber plus loin brisés en mille
pièces. En somme, la poésie est un don fatal, une sorte
de malédiction pour celui qui le reçoit en naissant, — une
grande fortune même n'empêche pas toujours le poète
d'être malheureux; l'exemple de Byron le prouve assez.
  Le dénouement a remué les spectateurs comme aux
premiers jours. — La passion la plus extrême et la plus

pure y palpite d'un bout à l'autre. — Il ne s'agit plus ici de littérature ni de poésie. Chatterton, dès qu'il s'est décidé à mourir, redevient un homme et cesse d'être une abstraction. Du cerveau, le drame descend au cœur; l'amour contenu éclate; la mort est en tiers dans l'entrevue suprême; et quand les lèvres de Chatterton effleurent le front immaculé de Kitty Bell, à ce premier et dernier baiser, la pauvre femme comprend que le pâle jeune homme va mourir. John Bell peut appeler tant qu'il voudra avec sa grosse voix, la timide créature ne répondra pas et du seuil de la chambre funèbre glissera sur la rampe de l'escalier pour tomber à genoux et cacher sa tête innocemment coupable entre les feuillets humides de sa Bible.

La figure de Kitty Bell, cette angélique puritaine, cette terrestre sœur d'Éloa, est dessinée avec la plus idéale pureté. Quel chaste amour! quelle passion voilée et contenue! quelle susceptibilité d'hermine! À peine au moment suprême son secret se trahit-il dans un sanglot de désespoir. — On sait que ce rôle fut un des triomphes de Mme Dorval; jamais peut-être cette admirable actrice ne s'éleva si haut; quelle grâce anglaise et timide elle y mettait! comme elle ménageait maternellement les deux babies, purs intermédiaires d'un amour inavoué! Quelle douce charité féminine elle déployait envers ce grand enfant de génie mutiné contre le sort! De quelle main légère elle tâchait de panser les plaies de cet orgueil souffrant! Quelles vibrations du cœur, quelles caresses de l'âme dans les lentes et rares paroles qu'elle lui adressait les yeux baissés, les mains sur la tête de ses deux chers petits comme pour prendre des forces contre elle-même! Et quel cri déchirant à la fin, quel oubli, quel abandon lorsqu'elle roulait, foudroyée de douleur, au bas de ces marches montées par élans convulsifs, par saccades folles, presque à genoux, les pieds pris dans sa robe, les bras tendus, l'âme projetée hors du corps qui ne pouvait la suivre!

Ah! si Chatterton avait ouvert une dernière fois ses yeux

appesantis par l'opium et qu'il eût vu cette douleur éper-
due, il serait mort heureux, sûr d'être aimé comme personne ne le fut, et de ne pas attendre longtemps là-bas
l'âme sœur de la sienne.

Théophile Gautier

BIBLIOGRAPHIE

PRINCIPALES ÉDITIONS DE *CHATTERTON*

Chatterton, drame, par le comte Alfred de Vigny, Paris, Hippolyte Souverain, 1835. (La pièce est précédée de la « Dernière nuit de travail » et suivie de « Sur les représentations du drame » et « Sur les œuvres de Chatterton ».)

Alfred de Vigny, *Chatterton*, édition critique publiée par Liano Petroni, « Testi e saggi di letteratura moderna », Casa editrice prof. Riccardo Pàtron, Bologna, 1962. (Comprend également les textes annexes, un relevé quasiment exhaustif de variantes à partir du manuscrit conservé à la Bibliothèque de France, des notes fournies et savantes, ainsi que des appendices.)

Alfred de Vigny, *Œuvres complètes*, I, *Poésie, Théâtre*, texte présenté et annoté par François Germain et André Jarry, Bibliothèque de la Pléiade, Gallimard, 1986. (Comprend les textes annexes, une notice, des notes et un choix de variantes.)

Le texte de *Chatterton* ainsi que ceux de la « Dernière nuit de travail » et de « Sur les représentations du drame joué le 12 février 1835 à la Comédie-Française » sont reproduits, dans notre édition, d'après celle de la Pléiade.

AUTRES ŒUVRES DE VIGNY

Nous avons utilisé pour la plupart de nos références :
Alfred de Vigny, *Œuvres complètes*, I, *Poésie, Théâtre* (voir ci-dessus) et II, *Prose*, texte présenté, établi et annoté par Alphonse Bouvet, Bibliothèque de la Pléiade, Gallimard, 1993.

Le tome III, à paraître, comprendra notamment le *Journal d'un poète*, qui n'a jusqu'à présent bénéficié que de publications incomplètes.

Stello suivi de *Daphné*, édition présentée, établie et annotée par Annie Prassolov, Folio classique, Gallimard, 1986.

Une édition de la *Correspondance d'Alfred de Vigny* est en cours, sous la direction de Madeleine Ambrière, PUF, 4 volumes parus à l'heure où nous écrivons : vol. I : 1816-juillet 1830 (1989) ; vol. II : août 1830-septembre 1835 (1991) ; vol. III : septembre 1835-avril 1839 (1994) ; vol. IV : mai 1839-mars 1843 (1997).

SUR L'ŒUVRE DE VIGNY

FLOTTES Pierre, *La Pensée politique et sociale d'Alfred de Vigny*, Les Belles Lettres, 1927.

GERMAIN François, *L'Imagination d'Alfred de Vigny*, Corti, 1961.

JARRY André, *Alfred de Vigny. Étapes et sens du geste littéraire. Lecture psychanalytique*, Genève, Droz, 1998, 2 vol.

SABOURIN Lise, *Alfred de Vigny et l'Académie française : vie de l'institution (1830-1870)*, Champion, 1998.

SAINT-GÉRAND Jacques-Philippe, *Vigny, vivre, écrire*, P.U., Nancy, 1994.

VIALLANEIX Paul, *Vigny par lui-même*, « Écrivains de toujours », Le Seuil, 1964.

Europe, n° consacré à Vigny, mai 1978.

Vigny. Romantisme et vérité, textes réunis et présentés par Jérôme Thélot, Université de Montpellier, Éditions Interuniversitaires, 1997.

Revue d'Histoire Littéraire de la France, « Vigny connu, méconnu, inconnu », mai-juin 1998.

SUR *CHATTERTON* ET LE THÉÂTRE DE VIGNY

Ouvrages et recueils :

BASSAN Fernande (avec la collaboration de Sylvie Chevalley), *Alfred de Vigny et la Comédie-Française*, Gunter Narr Verlag, Tübingen ; Éditions Jean-Michel Place, Paris, 1984.

LEFOUIN Claire, *Étude sur Alfred de Vigny : « Chatterton »*, Ellipses, 1996.

Alfred de Vigny : un souffle dramatique, Eidôlon, Cahiers du Laboratoire pluridisciplinaire de recherches sur l'imaginaire appliquées à la littérature (L.A.P.R.I.L), articles recueillis par Yolande Legrand, Université Michel de Montaigne, Bordeaux 3, juillet 1998.

Articles :

BERTHIER Patrick, « L'action dans *Chatterton* », *La Licorne*, Poitiers, Hors série, Colloques, 1995.

MARCHAL Sophie, « Le poète, la presse et le pouvoir : l'accueil de *Chatterton* en 1835 », *Association des Amis d'Alfred de Vigny*, n° 24, 1995.

SUR LE THÉÂTRE ROMANTIQUE

DESCOTES Maurice, *Le Drame romantique et ses grands créateurs (1827-1839)*, PUF, 1955.

LE BRETON André, *Le Théâtre romantique*, Boivin et Cie, s. d

NEBOUT Pierre, *Le Drame romantique*, Paris, 1895 ; Slatkine Reprints, Genève, 1970.

UBERSFELD Anne, *Le Drame romantique*, Belin, 1993.

NOTES

Page 35.
 1. « Désespère et meurs » : *Richard III*, acte V, sc. 3.

Page 37.
 1. « Ce qui a manque aux lettres, c'est la *sincérité* », écrit Vigny dans le *Journal d'un poète* en 1835. [...] « C'est d'après cette pensée que, pendant la nuit du 29 au 30 juin, je me laissai aller au besoin de dire au public, comme à un ami, ce que je venais de faire pour lui. »
 2. « Ceci est la question » : Shakespeare, *Hamlet* acte III, sc. 1.

Page 39.
 1. « Auras-tu toujours des yeux... » : citation approximative de Racine, *Athalie*, acte I, sc. 1.

Page 43.
 1. « Celui qu'aime le mieux la France » : il s'agit de Jean de La Fontaine, dont le nom est cité un peu plus loin dans le texte (p. 49).

Page 46.
 1. La parabole du « scorpion » est empruntée au *Giaour* (1813) de lord Byron.

Page 48.

1 *La Jeune Captive* a été publié à titre posthume en 1795. *Myrto* est *La Jeune Tarentine*, poème des *Bucoliques*, publié en 1801.

Page 49.

1. «Las du mépris des sots...» · André Chénier, *Élégie* XXIV, v. 7 et 8.

2. «Jean s'en alla comme il était venu,/Mangea le fonds avec le revenu», a écrit exactement La Fontaine dans l'*Épitaphe d'un paresseux.*

Page 52.

1. «Merveilleux enfant» : The marvellous boy (W. Wordsworth, *Resolution and Independence*, st. 7). Voir «Sur les œuvres de Chatterton», A. de Vigny, *Œuvres complètes*, Pléiade, t. I, p. 821.

Page 54.

1. *À la Paméla* : allusion au personnage de *Paméla ou la Vertu récompensée* (1740) du romancier anglais Richardson. Sur le manuscrit, le prénom est orthographié par Vigny à l'anglaise, sans accent.

Page 60.

1. Norton : bourg imaginaire, censé être situé à proximité de Londres.

Page 61.

1. Vigny situe en 1770 des préoccupations qui se développeront surtout dans les décennies suivantes : c'est aux alentours de 1826 que des briseurs de machines (les «Luddites») protestèrent contre l'atteinte que le progrès matériel portait aux salaires (voir Pierre Flottes, *La Pensée politique et sociale d'Alfred de Vigny*, Les Belles Lettres, 1927). Il a d'avance légitimé ce genre de liberté prise avec l'histoire dans ses *Réflexions sur la vérité dans l'art* (1827).

Page 65.

1. Pour la reprise de la pièce à la Comédie-Française (1857-1858), Vigny, à la demande de la censure impériale, a changé en « Souverain Pontife » le mot « empereur » qui figurait jusqu'alors et il a reporté cette correction sur l'édition de 1858.

Page 66.

1. Kitty est un diminutif de Catherine. Voir *infra*, p. 86.
2. La guinée équivaut à peu près à une livre.

Page 71.

1. Cette phrase a été supprimée à la demande de la censure impériale lors des représentations de 1857-1858.

Page 72.

1. Allusion à *La Bataille d'Hastings*, poème épique en deux chants, « le plus important des poèmes de Chatterton. Sa forme est homérique, et l'on trouve même à chaque pas des vers grecs traduits en vieux anglais. Rowley est censé traduire Turgot » (Vigny, « Sur les œuvres de Chatterton », *Œuvres complètes*, Pléiade, t. II, p. 822). Vigny cite à la suite de son commentaire le début des deux chants, interrompus, précise-t-il, par la mort de Chatterton.

Page 76.

1. Les guillemets signalent que l'expression « bas-bleu » sonnait encore en 1834 comme un néologisme, directement traduit de l'anglais.

Page 81.

1. Cet « hélas » paradoxal fait songer à celui d'Agnès dans *L'École des femmes* : « Hélas ! si vous saviez comme il était ravi » (acte II, scène 5, v. 553).

Page 84.

1. Le vrai Thomas Chatterton n'est jamais allé à l'Uni-

versité. La condition sociale de sa famille ne le lui aurait
pas permis.

2. David Garrick (1717-1779) est un célèbre acteur
anglais qui s'illustra surtout par ses interprétations de Shakespeare.

3. Le vrai Chatterton n'a pas connu son père, qui était
maître d'école et était déjà mort quand son fils est né

Page 85

1. Primrose Hill Park est situé à Londres, au nord de
Regent's Park. Il s'y disputait fréquemment des duels. Il y
a là une allusion à un événement du passé de Chatterton
que la pièce ne précise pas.

Page 93.

1. « Will » est évidemment William Shakespeare. Allusion probable à une pièce de Shakespeare non identifiée.

Page 96.

1. Lovelace est le héros de *Clarissa Harlowe* (1748-1749),
roman de Richardson.

Page 98.

1. L'emploi de « Christ » sans article correspond à un
usage protestant.

Page 101.

1. Dans *Stello*, « la voix rouillée d'une horloge sonnant
lourdement les trois quarts d'une heure très avancée au-
delà de minuit » (Folio classique, p. 101) succède dans
l'ordre du récit au dénouement de l'histoire de Kitty Bell

Page 103.

1. « J'ai menti » : en inventant le moine Rowley pour en
faire le prétendu auteur de ses œuvres.

Page 104.

1. Jeremiah Miles (1714-1784), auteur d'une édition intitulée *Poems supposed to have been written at Bristol in the Fifteen Century by Thomas Rowley, Priest. With a Commentary.* Thomas Warton (1728-1790), auteur de *Inquiry into the Authenticity of the Poems attributed to Thomas Rowley.* Les deux ouvrages, publiés en 1782, soit douze ans après la mort de Chatterton, n'avaient aucune chance d'être dénoncés par lui.

2. Voir note 3 de la p. 84. Vigny pense visiblement ici à son propre père.

Page 105.

1. C'est à l'arsenic (et non à l'opium) que se serait en réalité empoisonné Chatterton. La quantité d'opium est la même que dans *Stello.* Vigny est informé de la quantité d'opium nécessaire pour obtenir un effet mortel, mais il surestime la rapidité de cet effet (voir la note 1 d'Alphonse Bouvet dans *Œuvres complètes*, éd. citée, t. II, *Stello*, p. 550).

Page 106.

1. « Sortie raisonnable » : il se peut que Vigny ait trouvé chez Montaigne (*Essais*, Livre II, 3) cette expression courante chez les philosophes stoïciens. Voir la longue mise au point de l'édition de Liano Petroni (citée dans la Bibliographie), p. 301.

2. Les répliques allant de « Connaissez-vous... » à « ... popularité » ont été supprimées à la demande de la censure impériale lors des représentations de 1857-1858, sans doute parce qu'un autre empereur, Napoléon III, était alors populaire en Italie et qu'il aurait été fâcheux que le public le rapprochât de Néron.

Page 108.

1. « Les hommes d'imagination sont éternellement crucifiés... » : encore une phrase supprimée lors des représentations de 1857-1858. L'assimilation trop directe du

poète au Christ en croix a-t-elle pu passer pour sacri-
lège ?

Page 113.

1. « Skirner » : Vigny semble avoir déformé le nom de
Skinner, érudit mentionné dans les *Œuvres* de Chatterton,
édition Southey, 1782.

Page 115.

1. « Monsieur le docteur » : on se rappelle que le Quaker est médecin (voir *supra*, p. 63). Cette qualité l'appa-
rente au Docteur Noir, de *Stello*.

2. Les « trois royaumes » sont l'Angleterre (qui compre-
nait alors le Pays de Galles), l'Écosse et l'Irlande.

Page 120.

1. Lord George Littleton (1709-1773), chancelier de
l'Échiquier en 1755, écrivit un recueil de poèmes d'amour,
Monody (1747), adressés à sa femme. Jonathan Swift (1667-
1745), surtout connu pour son roman *Les Voyages de Gulliver*, composa lui aussi des poèmes d'amour. John Wilkes
(1727-1797), homme politique, écrivit un *Essai sur la femme*
(1764) et des vers licencieux.

Page 121.

1. Ben Jonson (1572-1637), auteur dramatique connu
surtout pour *Volpone* (1607), mourut dans la misère

Page 122.

1. Bale est sans doute le nom d'un érudit, d'identifica
tion douteuse.

2. « *Magisterial* ». nom de journal sans doute invente
par Vigny

Page 125

1. Sur Rowley et Turgot, voir *supra*, p. 72 et note

RÉSUMÉ

ACTE

Le Quaker reproche doucement à Kitty Bell d'avoir demandé à ses enfants de rendre à Chatterton, sous prétexte qu'il est trop pauvre, une Bible que celui-ci leur avait offerte (1). Il reproche plus fermement sa dureté de cœur à John Bell : celui-ci vient en effet d'éconduire une délégation d'ouvriers qui lui demandait de revenir sur le licenciement d'un des leurs, chassé pour avoir accidentellement brisé une machine (2). John Bell réprimande sa femme, coupable d'avoir, dans les comptes du ménage, dissimulé une petite somme qu'elle destinait en réalité à Chatterton (3). Le Quaker exhorte la petite Rachel à ne pas se laisser guider par la peur (4). Il écoute les plaintes de Chatterton dont les travaux sont injustement méconnus, et il tente de l'instruire de l'incurable maladie de l'humanité (5). John Bell poursuit sa femme de ses reproches et veut la forcer à avouer les motifs de sa tromperie (6).

ACTE II

Chatterton confie au Quaker le déplaisir que lui cause l'arrivée de son ami, lord Talbot, et ses sombres pressenti-

ments sur sa destinée (1). La noblesse des amis de Chatterton donne à John Bell une idée fausse de la condition
de son hôte (2). De jeunes lords font irruption sur la scène
et Chatterton doit souffrir en présence de Kitty leurs
bruyants et maladroits témoignages d'amitié (3). Devant
Kitty troublée et le Quaker, Chatterton, qui attend du
secours d'une lettre dont l'arrivée est imminente, réclame
le droit à la solitude et au travail (4). Les propos que
le Quaker lui tient sur l'âme de Chatterton et sur le danger auquel l'expose son caractère dévoilent progressivement à Kitty les sentiments qu'elle nourrit pour le jeune
homme (5).

ACTE III

Réfugié dans sa chambre, Chatterton, dans un long
monologue, exprime son malheur, reprochant à son père
de l'avoir mis au monde ; il finit par contempler une fiole
d'opium capable de mettre fin à ses souffrances (1).
Découvrant que Chatterton est tout près d'en finir avec la
vie, le Quaker se résout à lui apprendre que sa mort entraî-
nerait celle de Kitty (2). Kitty s'inquiète auprès du Quaker
du sort de Chatterton et lui rend grâces pour sa bonté (3).
Instruit par Lord Talbot des ennuis auxquels Chatterton
est exposé, John Bell souhaite que le jeune poète quitte au
plus vite sa maison (4). À Lord Talbot prêt à lui venir en
aide, Chatterton confie que c'est sur l'Angleterre qu'il
compte en la personne du Lord-Maire, M. Beckford (5).
Celui-ci arrive en grand équipage et il essaie de convaincre
Chatterton de la futilité du métier de poète (6). Chatterton
découvre que la lettre tant attendue lui offre un emploi
de valet de chambre (7). Il avoue à Kitty son amour, Kitty
finit par lui avouer le sien, mais il est trop tard : il a bu le
contenu de la fiole, que découvre Kitty (8). Le Quaker
accourt et aperçoit Kitty renversée sur les marches de l'escalier, qu'elle finit par monter à grand-peine. Elle en

redescend à demi morte quand elle voit Chatterton mou-
rant dans les bras du Quaker. Kitty meurt à son tour dans
les bras du Quaker. John Bell découvre la scène avec épouvante, tandis que le Quaker reste à genoux, implorant le
Seigneur de recevoir ces martyrs (9).

Préface de Pierre-Louis Rey   7

CHATTERTON

Dernière nuit de travail   37
Caractères et costumes des rôles principaux   53
Acte I   57
Acte II   78
Acte III   100
Sur les représentations du drame   134

DOSSIER

Chronologie   141
Chatterton *à la scène*   146
Documents
   Gustave Planche : création de *Chatterton*
      (1835)   155
   Théophile Gautier : reprise de *Chatterton*
      (1857)   164

Bibliographie	173
Notes	176
Résumé	182

DU MÊME AUTEUR

Dans la collection Folio classique

STELLO. DAPHNÉ. *Édition présentée et établie par Annie Prassolov.*

CINQ-MARS. *Préface de Pierre Gascar. Édition établie par Annie Picherot.*

SERVITUDE ET GRANDEUR MILITAIRES. *Édition présentée et établie par Patrick Berthier.*

COLLECTION
FOLIO THÉÂTRE

102. Luigi PIRANDELLO : *Chacun à sa manière*. Édition de Mario Fusco. Traduction de Michel Arnaud.

103. Jean RACINE : *Les Plaideurs*. Édition présentée et établie par Georges Forestier.

104. Jean RACINE : *Esther*. Édition présentée et établie par Georges Forestier.

105. Jean ANOUILH : *Le Voyageur sans bagage*. Édition présentée et établie par Bernard Beugnot.

106. Robert GARNIER : *Les Juives*. Édition présentée et établie par Michel Jeanneret.

107. Alexandre OSTROVSKI : *L'Orage*. Édition et traduction nouvelle de Françoise Flamant.

108. Nathalie SARRAUTE : *Isma*. Édition présentée et établie par Arnaud Rykner.

109. Victor HUGO : *Lucrèce Borgia*. Édition présentée et établie par Clélia Anfray.

110. Jean ANOUILH : *La Sauvage*. Édition présentée et établie par Bernard Beugnot.

111. Albert CAMUS : *Les Justes*. Édition présentée et établie par Pierre-Louis Rey.

112. Alfred de MUSSET : *Lorenzaccio*. Édition présentée et établie par Bertrand Marchal.

113. MARIVAUX : *Les Sincères* suivi de *Les Acteurs de bonne foi*. Édition présentée et établie par Henri Coulet.

114. Eugène IONESCO : *Jacques ou la Soumission* suivi de *L'avenir est dans les œufs*. Édition présentée et établie par Marie-Claude Hubert.

115. Marguerite DURAS : *Le Square*. Édition présentée et établie par Arnaud Rykner.

116. William SHAKESPEARE : *Le Marchand de Venise*. Édition de Gisèle Venet. Traduction de Jean-Michel Déprats. Édition bilingue.

117. Valère NOVARINA : *L'Acte inconnu*. Édition présentée et établie par Michel Corvin.

118. Pierre CORNEILLE : *Nicomède*. Édition présentée et établie par Jean Serroy.

119. Jean GENET : *Le Bagne*. Préface de Michel Corvin. Édition de Michel Corvin et Albert Dichy.

120. Eugène LABICHE : *Un chapeau de paille d'Italie*. Édition présentée et établie par Robert Abirached.

121. Eugène IONESCO : *Macbett*. Édition présentée et établie par Marie-Claude Hubert.

122. Victor HUGO : *Le Roi s'amuse*. Édition présentée et établie par Clélia Anfray.

123. Albert CAMUS : *Les Possédés* (adaptation du roman de Dostoïevski). Édition présentée et établie par Pierre-Louis Rey.

124. Jean ANOUILH : *Becket ou l'Honneur de Dieu*. Édition présentée et établie par Bernard Beugnot.

125. Alfred de MUSSET : *On ne badine pas avec l'amour*. Édition présentée et établie par Bertrand Marchal.

126. Alfred de MUSSET : *La Nuit vénitienne. Le Chandelier. Un caprice. Il faut qu'une porte soit ouverte ou fermée*. Édition présentée et établie par Frank Lestringant.

127. Jean GENET : *Splendid's* suivi de « *Elle* ». Édition présentée et établie par Michel Corvin.

128. Alfred de MUSSET : *Il ne faut jurer de rien* suivi de *On ne saurait penser à tout*. Édition présentée et établie par Sylvain Ledda.

129. Jean RACINE : *La Thébaïde ou les Frères ennemis*. Édition présentée et établie par Georges Forestier.

130. Georg BÜCHNER : *Woyzeck*. Édition de Patrice Pavis. Traduction de Philippe Ivernel et Patrice Pavis. Édition bilingue.

131. Paul CLAUDEL : *L'Échange*. Édition présentée et établie par Michel Lioure.

132. SOPHOCLE : *Antigone*. Préface de Jean-Louis Backès. Traduction de Jean Grosjean. Notes de Raphaël Dreyfus.

133. Antonin ARTAUD : *Les Cenci*. Édition présentée et établie par Michel Corvin.

134. Georges FEYDEAU : *La Dame de chez Maxim*. Édition présentée et établie par Michel Corvin.

135. LOPE DE VEGA : *Le Chien du jardinier*. Traduction et édition de Frédéric Serralta.

136. Arthur ADAMOV : *Le Ping-Pong*. Édition présentée et établie par Gilles Ernst.

137. Marguerite DURAS : *Des journées entières dans les arbres*. Édition présentée et établie par Arnaud Rykner.

138. Denis DIDEROT : *Est-il bon ? Est-il méchant ?* Édition présentée et établie par Pierre Frantz.

139. Valère NOVARINA : *L'Opérette imaginaire*. Édition présentée et établie par Michel Corvin.

140. James JOYCE : *Exils*. Édition de Jean-Michel Rabaté. Traduction de Jean-Michel Déprats.

141. Georges FEYDEAU : *On purge Bébé !*. Édition présentée et établie par Michel Corvin.

142. Jean ANOUILH : *L'Invitation au château*. Édition présentée et établie par Bernard Beugnot.

143. Oscar WILDE : *L'Importance d'être constant*. Édition d'Alain Jumeau. Traduction de Jean-Michel Déprats.

144. Henrik IBSEN : *Une maison de poupée*. Édition et traduction de Régis Boyer.

145. Georges FEYDEAU : *Un fil à la patte*. Édition présentée et établie par Jean-Claude Yon.

146. Nicolas GOGOL : *Le Révizor*. Traduction d'André Barsacq. Édition de Michel Aucouturier.

147. MOLIÈRE : *George Dandin* suivi de *La Jalousie du Barbouillé*. Édition présentée et établie par Patrick Dandrey.

148. Albert CAMUS : *La Dévotion à la croix* [de Calderón]. Édition présentée et établie par Jean Canavaggio.

149. Albert CAMUS : *Un cas intéressant* [d'après Dino Buzzati]. Édition présentée et établie par Pierre-Louis Rey.

150. Victor HUGO : *Marie Tudor*. Édition présentée et établie par Clélia Anfray.

151. Jacques AUDIBERTI : *Quoat-Quoat*. Édition présentée et établie par Nelly Labère.

152. MOLIÈRE : *Le Médecin volant. Le Mariage forcé*. Édition présentée et établie par Bernard Beugnot.

153. William SHAKESPEARE : *Comme il vous plaira*. Édition de Gisèle Venet. Traduction de Jean-Michel Déprats.

154. SÉNÈQUE : *Médée*. Édition et traduction nouvelle de Blandine Le Callet.

155. Heinrich von KLEIST : *Le Prince de Hombourg*. Édition de Michel Corvin. Traduction de Pierre Deshusses et Irène Kuhn.

156. Miguel de CERVANTÈS : *Numance*. Traduction nouvelle et édition de Jean Canavaggio.

157. Alexandre DUMAS : *La Tour de Nesle*. Édition de Claude Schopp.

158. LESAGE, FUZELIER et D'ORNEVAL : *Le Théâtre de la Foire, ou l'Opéra-comique* (choix de pièces des années 1720 et 1721 : *Arlequin roi des Ogres, ou les Bottes de sept lieues, Prologue de La Forêt de Dodone, La Forêt de Dodone, La Tête-Noire*). Édition présentée et établie par Dominique Lurcel.

159. Jean GIRAUDOUX : *La guerre de Troie n'aura pas lieu*. Édition présentée et établie par Jacques Body.

160. MARIVAUX : *Le Prince travesti*. Édition présentée et établie par Henri Coulet.

161. Oscar WILDE : *Un mari idéal*. Édition d'Alain Jumeau. Traduction de Jean-Michel Déprats.

162. Henrik IBSEN : *Peer Gynt*. Édition et traduction de François Regnault.

163. Anton TCHÉKHOV : *Platonov*. Édition de Roger Grenier. Traduction d'Elsa Triolet.

164. William SHAKESPEARE : *Peines d'amour perdues*. Édition de Gisèle Venet. Traduction de Jean-Michel Déprats.

165. Paul CLAUDEL : *L'Otage*. Édition présentée et établie par Michel Lioure.

166. VOLTAIRE : *Zaïre*. Édition présentée et établie par Pierre Frantz.

167. Federico GARCÍA LORCA : *La Maison de Bernarda Alba*. Édition et traduction nouvelle d'Albert Bensoussan.

168. Eugène LABICHE : *Le Prix Martin*. Édition présentée et établie par Jean-Claude Yon.

169. Eugène IONESCO : *Voyages chez les morts*. Édition présentée et établie par Marie-Claude Hubert.

170. Albert CAMUS : *Requiem pour une nonne* [d'après William Faulkner]. Édition présentée et établie par Pierre-Louis Rey.

171. Ben JONSON : *Volpone ou le Renard*. Édition et traduction de Michèle Willems.

172. Arthur SCHNITZLER : *La Ronde*. Édition et traduction d'Anne Longuet Marx.

173. MARIVAUX : *Le Petit-maître corrigé*. Édition présentée et établie par Henri Coulet et Michel Gilot.

174. Anton TCHÉKHOV : *La Mouette*. Édition de Roger Grenier. Traduction d'Elsa Triolet.

175. Alexandre DUMAS : *Kean, ou Désordre et génie*. Édition présentée et établie par Sylvain Ledda.

176. Carlo GOLDONI : *La Locandiera*. Traduction de Gérard Luciani. Édition de Myriam Tanant.

177. Eugène IONESCO : *Jeux de massacre*. Édition présentée et établie par Marie-Claude Hubert.

178. Federico GARCÍA LORCA : *Noces de sang*. Édition et traduction nouvelle d'Albert Bensoussan.

179. Marguerite DURAS : *L'Amante anglaise* [théâtre]. Édition présentée et établie par Arnaud Rykner.

180. Harold PINTER : *Le Gardien*. Traduction de Philippe Djian. Édition présentée et établie par Michel Corvin.

181. Anton TCHÉKHOV : *La Cerisaie*. Traduction d'Elsa Triolet. Édition de Roger Grenier.

182. Harold PINTER : *C'était hier*. Traduction d'Éric Kahane. Édition présentée et établie par Élisabeth Angel-Perez.

183. Alexandre POUCHKINE : *Boris Godounov*. Traduction de Gabriel Arout. Édition de Jean-Louis Backès.

184. Georges FEYDEAU : *Occupe-toi d'Amélie !*. Édition présentée et établie par Romain Piana.

Composition Interligne
Impression Maury Imprimeur
45330 Malesherbes
le 2 mai 2018.
Dépôt légal : mai 2018.
1ᵉʳ dépôt légal dans la collection : mai 2003.
Numéro d'imprimeur : 226858.

ISBN 978-2-07-041139-9. / Imprimé en France.

336511